Xinshou Anquan Jiashi bing Bunan

新手安全驾驶并不难

主编◎郭大民 沈 沉

人民交通出版社股份有限公司
China Communications Press Co.,Ltd.

内 容 提 要

本书搜集了汽车驾驶中可能遇到的各种问题，系统而简明地介绍了上路前的准备工作，起步、行车与停车的技巧，特殊路段驾驶技巧，与特殊车辆处于同一路段的处置技巧，特殊条件下驾驶技巧，高速公路驾驶技巧，以及紧急情况的处理方法等。

本书可供爱车族和有车族阅读参考。

图书在版编目（CIP）数据

新手安全驾驶并不难/郭大民，沈沉主编．—北京：人民交通出版社股份有限公司，2015.2

ISBN 978-7-114-11958-3

Ⅰ.①新…　Ⅱ.①郭…　②沈…　Ⅲ.①汽车驾驶－安全技术　Ⅳ.①U471.15

中国版本图书馆CIP数据核字（2015）第016440号

书　　名： 新手安全驾驶并不难
著 作 者： 郭大民　沈　沉
责任编辑： 刘　博
出版发行： 人民交通出版社股份有限公司
地　　址： (100011)北京市朝阳区安定门外外馆斜街3号
网　　址： http://www.ccpress.com.cn
销售电话： (010)59757973
总 经 销： 人民交通出版社股份有限公司发行部
经　　销： 各地新华书店
印　　刷： 北京鑫正大印刷有限公司
开　　本： 720×960　1/16
印　　张： 7.5
字　　数： 95千
版　　次： 2015年2月　第1版
印　　次： 2015年2月　第1次印刷
书　　号： ISBN 978-7-114-11958-3
定　　价： 17.00元

本书编写组

主　　编：郭大民　沈　沉

参编人员：黄宜坤　卢中德　李泰然
孙　涛　李培军　闫　丹
郭振英　姜秀云　窦志恒
顾泽南

前言 PREFACE

随着我国经济的飞速发展和人民生活水平的日益提高，汽车早已不再是普通百姓眼中的奢侈品，现在大多城市家庭都拥有轿车，驾车出行已成为人们日常出行最常见的方式。随着汽车工业的发展和道路状况的改善，人们的生活变得越来越快捷。

驾驶汽车是个技术活，虽然目前道路条件较好，但是随着汽车数量的大幅增长，交通拥堵日益严重，交通事故时有发生。当前的道路交通状况对汽车驾驶员的驾驶技术提出了更高的要求，在驾驶学校学习到的技术已经不能完全适应日常道路行驶的要求，汽车驾驶员要安全驾驶车辆，并能应付在驾驶中遇到的突发事件，就需要在日常驾驶中不断积累经验，多进行理论学习。

针对当前部分初学驾驶员的技术状况，我们确定了本书的编写原则：

（1）内容实用。本书内容全部贴合初学驾驶员的实际需要，随身一册，教您体验驾驶乐趣，随时提醒您如何安全驾驶车辆，解决您行车中遇到的各种难题。

（2）形式新颖。由于每一位车主的知识背景、专业能力都各不相同，其掌握的汽车专业知识深浅不一，所以书中驾驶技巧与禁忌、使用方法和应急措施等的讲解，均采用简洁精炼的大众化语言，并配以图片，力求图文并茂、生动形象、言简意赅。

（3）操作性强。作为一本写给非专职汽车驾驶员阅读的驾驶技巧书，摒弃部分书籍长篇大论的写法，力求用最简练的语言配以相应的图片告知读者如何操作。

本书集知识性、指导性、趣味性、实用性和综合性于一体，一册在手，您驾驶中遇到的大部分问题都能迎刃而解。愿看过此书的车主出行无忧，真切希望本书成为您生活中的良师益友！

编 者

目录 CONTENTS

第 3 章 特殊路段险情多，低速行驶保安全…43

第 4 章 特殊条件危险大，控制慢行巧应对…67

第1章

心中有数，上路不慌

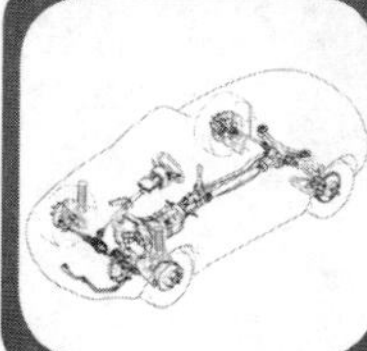

第1节

实习期的驾驶禁忌

《中华人民共和国道路交通安全法实施条例》第二十二条规定，机动车驾驶员初次申领机动车驾驶证后的12个月为实习期。机动车驾驶员在实习期内不得驾驶公共汽车、营运客车或者执行任务的警车、消防车、救护车、工程救险车以及载有爆炸物品、易燃易爆化学物品、剧毒或者放射性等危险物品的机动车；驾驶的机动车不得牵引挂车。另外，驾驶时注意以下禁忌。

1 忌不贴“实习”标志

凡在实习期内驾驶机动车的驾驶员都应当统一粘贴黄底红字的“实习”标志，如图1-1所示。

实习

图1-1 “实习”标志

2 忌不查看、调整座椅位置、后视镜位置

座椅调整有两个目的：舒适和安全。如果乘坐不舒适的话，可能会影响驾驶员的情绪，从而引发交通事故。

出于安全的考虑，加速踏板和制动踏板踩到底时，腿部应仍有些弯曲，以有利于紧急情况下腿部及时施力。因此，应根据实际情况，将座椅调整到合适的位置。

后视镜的调整是为了消除视野盲点。后视镜不仅能够看到车辆后部和两侧的交通情况，还应适当看到车辆自身的情况，这样可以更有利于倒车和停车。

3 忌不待电脑自检完毕起动车辆

对很多电喷车来说，车辆在打开点火钥匙时，行车电脑都会进行电脑自检，以消除行车时的安全隐患，其检查项目一般包括 ABS、制动系统、润滑系统、ESP 系统等。汽车电脑自检的时间一般比较短，为 3 ~ 4s，此时最好不要起动车辆，待各项仪表都正常后，再起动车辆。

4 忌忘松驻车制动器操纵杆

新手还容易犯一个错误，就是车辆起步时，忘记松开驻车制动器操纵杆。虽然此时如果加速踏板和离合器踏板配合好，车辆一样可以行驶，但是车辆制动片磨损会加剧，造成车辆油耗上升，而且还会伴随着焦煳的气味。新手在等红灯时，拉起驻车制动器操纵杆，然而车辆再行驶时也容易忘记松驻车制动器操纵杆，此时，如果车辆起步熄火，驾驶员很容易惊慌失措。建议新手先养成起步就松开驻车制动器操纵杆的好习惯，免得车辆受损，自己着急。

5 忌高速时空挡滑行

如果车辆在高速行驶中挂上空挡滑行，如遇紧急情况制动，则底盘传动系统与发动机不连接，没有发动机低速牵阻作用的帮助，不仅制动效果不佳（特别是重载的车辆），更会使车辆失去平衡而左右滑行，最终驾驶员因无法控制汽车而发生交通事故，而且制动踏板踩得越快，制动效果越差，滑行得越厉害。如果制动时踩下离合器踏板，其结果同样不妙。因此切忌空挡驾驶滑行。

6 忌超车、并线时不打转向灯，不看后视镜

不打转向灯就超车、并线，是很多事故的诱因，也是很多新手犯错挨骂的缘由。对于“跟车太紧”的新手来说，这种情况的危险系数更大，容易发生追

尾和被追尾。比如没有安装宽曲率后视镜的车辆，如果驾驶员没有扫视到车身两侧，就容易忽略两侧并行的车辆，如果此时在超车、并线时不打转向灯且后面来车过快、车身过小的话，前车在并线时就容易剐蹭。

另外，打左转向灯时主要看左后视镜，打右转向灯时主要看右后视镜，连续超车时必须时时观察左右后视镜里车身两侧的情况。

7 忌路口前不及时并线

新手常在路口前（距路口 150m 左右）不并线，非要等到路口才恍然大悟，然后紧急转向，影响交通。新手的这种情况不仅是手生，而且路生。对道路的不熟悉，最容易导致驾驶员在路口处左顾右盼，无所适从，若提前想好怎么走，路口前勤看几眼路标指示牌，就不容易犯错了。另外，在长直路面上行驶，新手要养成眼界开阔的习惯，不要紧盯着车辆前方的几十米远的地方。

8 忌高速行驶急转弯

车辆在转弯时都会出现侧倾，而且侧倾幅度会随着车速的增加而加大。新手由于对车辆性能不了解，不知道车速和道路弯度如何匹配，所以建议不要高速驾驶通过弯道。

高速行驶急转弯时，驾驶员身体容易倾斜，同时导致驾驶员对转向盘的控制力不够，所以切忌高速行驶急转弯。

9 忌紧急情况下不用危险报警闪光灯

如果新手在路上发生紧急情况，最好使用危险报警闪光灯（俗称“双闪”），其意义是警示后车“此车出现意外情况，请注意”。“双闪”在仪表板上是一个带有红色三角形标志的按钮，按下即可。尤其是在高速路上遇到紧急情况停车时，不但要打开“双闪”对后车进行警示，还要配合使用三角警示牌，否则就容易发生后车追尾等事故。

10 忌驻车时别忘拉紧驻车制动器操纵杆

停车后，不要忘记拉紧驻车制动器操纵杆。这样做是为了防止溜车，特别是在坡道上停车。老驾驶员常讲：开车首先要从停车开始。所以对于新手来说，“停车拉紧驻车制动器操纵杆”是养成合理用车习惯的第一步。

第2节 熟悉自己的汽车

新手驾车，多半是驾驶不熟悉的车辆。遇上这种情况，首先是要尽快熟悉车辆，方法是先调整好适合自己体形的驾驶坐姿，然后调校后视镜。当一切就绪后，选一段交通流量比较少的路面尝试开车，尽快感受车辆加速踏板及行车制动踏板的反应，然后才开车前往目的地。

了解新车的捷径，就是要认真阅读车辆使用说明书，因为它是一本最为简要的使用手册。车主要以说明书的前后顺序逐条逐节地进行阅读，而且最好是坐在车上，这样便于实物对照。下面来谈谈如何了解、熟悉新车。

（1）要了解车辆各开关设备的点位以及操作使用方法。例如车门、点火开关、发动机罩、行李舱门、燃油箱加油口盖、机油添加口 / 放出口及冷却液添加口 / 放出口等，要知道它们的开关设置在哪里，怎样打开与关闭。

（2）了解、认读仪表指示。首先要知道仪表名称，知道哪个是转速表，哪个是里程表等，同时懂得它们指在哪里是正常状态，指在哪里表示可能有故障存在。当今许多车辆的仪表板上设置有故障显示符号，一定要学会认读，明白符号所表达的意思。在行驶过程中，某个符号一旦显示，便可判定故障所在，以便及时检修与恢复。

（3）要知道辅助设备的安装位置，并掌握其使用方法。例如要知道灭火器、千斤顶、备胎以及随车工具放置在什么地方，并知道怎样使用、怎样复位。

（4）要明确变速挡位。目前，以装置六个挡位的手动变速器车辆居多，即五个前进挡，一个倒车挡，空挡居中。挡位一般布置为左右分三排，上下分两排，并在变速杆的球头上标有各挡位置，使用时对号入座。先看看变速杆手柄顶部的挡位示意图，注意有无倒挡锁，在了解后再将视野脱离。要注意，若是原地换挡时挂不上挡，应再踩一次离合器踏板后再挂挡，这样会更顺畅些。自动挡只能上下移动，多数自动变速器车辆挡位分 P、R、N、D、3、2、1 七个挡位，P 是驻车挡位，N 是空挡位，R 是倒车挡位，其余为前进挡位。要熟悉各挡用途，掌握正确的使用方法。

（5）在路况好的地段或汽车流量小的路上行进，行进过程中了解挡位。这个时间要坚持换挡不看挡位，在换挡时要按次序加挡，并且要操练加速踏板和离合器踏板的配合。熟悉离合器踏板（手动变速器车辆）、制动踏板和加速踏板的控制力度，能熟练操作。

（6）要熟悉灯光与信号装置。比如转向指示灯、报警闪光灯、远近光灯的开关位置设置在哪里，怎样开启与转换；喇叭按键安装在哪里，怎样按压比较方便等。

上述事项看似小事，但若不作了解，出行中一旦出现这样或那样的问题，都可能引起很大麻烦。比如车辆需要添加冷却液却连发动机罩都打不开，怎么能够添加？路上突然爆胎，连千斤顶都不会使，怎么能够更换？车辆失火，连灭火器都打不开，怎么能够灭火？想想，那该有多么不便、多么可怕呀！

第 3 节 认真做好上路前的心理准备

刚拿到驾驶证的新手开车上路会遇到各方面的困难。因为驾校所教授的知识对新手来说只是最基础的驾驶技术，离上路行驶还有不小的距离。心理压力、不正规的操作行为、不良的行为习惯以及对路况处理能力的不足都会影响其驾驶水平，并对他人构成威胁（图 1-2）。

每次驾车上路前，都应该对自己做一些道德行为的叮嘱，做好充分的思想心理准备，怀着一颗平常心上路，以便使出行更加顺畅、安全。

图 1-2　新手开车上路

作为一名驾驶新手，上路后一定要处处注意谦虚，处处体现谦虚。谦虚不仅仅表现在认真学习专业书籍、上门向老师傅请教等方面，更重要的是要体现在行车中。刚刚上路时，可以说路上行驶的每一辆车的驾驶员都是自己的师傅，应该从内心真正去尊重他们，表现在行动上，就是要礼让在先，绝不与他们争抢，处处表现出一个“好学生”的姿态来。

驾车前，首先要树立信心，要有决心，不要慌张。应做好心理准备，尽量放松，不要紧张，紧张易使该做的动作不敢做，该走时却不敢走，该停时却停不了，容易引发事故。驾车要胆大心细，急躁不得。尤其是当情绪急躁时，容易顾此失彼，造成操作失误。驾车时要提前动作、提前处置、提前避让、提前停车。在技术运用上，一定要留有余地，有十分把握最多用上七分便可以了。不要开车就图快，初学驾车几乎都有一个误区，以为汽车开得快就是驾驶水平高，其实能目测前车车速，并与之保持好安全距离才是真本领。不要遇事就生气，初学驾车由于车技不熟，常会“受气”，但千万不能意气用事，赌气意味着危险。不要贪图一次驾驶车辆时间过长，初学驾车兴致高是常理，可驾车时间过长没好处，一是身体疲劳；二是过度兴奋易使人迷糊，分不清驾驶行为的正确与否。新手要有信心和决心，经过一定时间的练习，肯定能在实际道路上熟练驾驶。

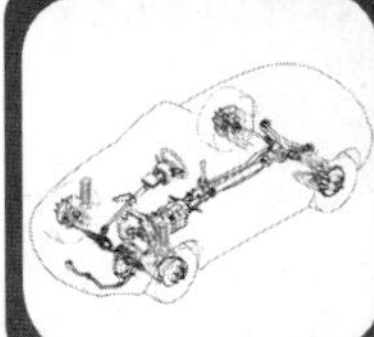

第4节 上路前检查内容

当已经掌握了驾车的一般技能，接下来就要上路驾驶。为了使出行安全、顺利，在出行前应该进行一些必要的（图1-3）相关检查。

图1-3　出行前的车辆检查

1 做好出行前的车辆安全检查

检查的方法要遵循由外到内、由表及里的原则。首先检查有无悬挂机动车号牌，号牌是否清晰、完整。然后绕车一圈，看看车辆外表是否完好，轮胎气压是否正常，胎面、胎侧有无创伤、起包等现象。再弯下腰看看发动机下面是否有漏油、漏水现象，如发现问题，应及时排除。

接着，打开发动机罩进行检查，先检查各油液的液面高度是否符合标准（包括润滑油、冷却液、制动液、车窗玻璃清洗液等），然后检查各传动带张力是否符合要求，发现问题及时加以排除或请专业维修人员协助解决。接下来再坐进驾驶室，打开点火开关检查各仪表的指示情况，并进行起动，听发动机声音是否正常，检查灯光设备、刮水器、转向灯、喇叭等装置是否正常，如发现问题及时加以排除。

2 检查各证件是否随带齐全

上路后难免会遇到交通检查，一定要带上驾驶证、行车证。机动车的检验合格标志、保险标志要粘贴于合适位置（为了减少因为粘贴标志对驾驶员视线的影响，应该将标志粘贴在前风窗玻璃右上角不影响驾驶员视线的位置）。

除了上述标志外，新手驾车还应该在车身后部粘贴实习标志，有些地方还规定上路行驶的机动车要粘贴环保检验合格标志。

3 检查随车附件

随车附件包括备胎、千斤顶、灭火器、随车工具等，检查其是否齐备、完好。如出远门，还须把钱粮带足，并带上地图册和通信工具等。冬季出车还需带上防滑链。

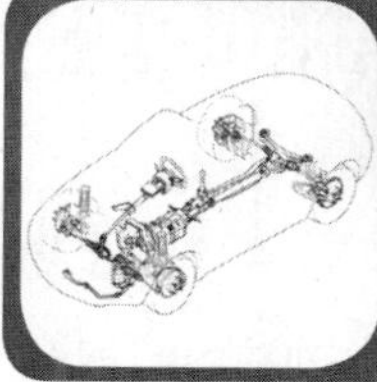

第5节 挡位区分及运用

汽车在行驶中，为适应道路情况（如交通流的变化）来达到合适的行驶速度，需经常变换挡位，因此，变速杆的换挡操作是相当频繁的。能否及时、准确、迅速地换挡，对延长车辆使用寿命，提高车辆的平均技术速度，保证车辆平顺地行驶，节约燃料，都有很大影响。因此换挡操作的熟练程度，也是衡量驾驶员驾驶技能的一项重要标志。

手动变速器挡位的区分如图1-4所示，中型以上的汽车一般设5～7个挡位，1挡、2挡为低速挡，3挡、4挡为中速挡，5挡及以上为高速挡。小型汽车一般设5～8个挡，1挡为低速挡，2挡为中速挡，3挡以上为高速挡。汽车都设有一个倒车挡（R挡），用于使汽车后倒。

（1）低速挡：低速挡的特点是传动比大，行驶速度慢，使驱动轮能获得较大的转矩，增大牵引力。所以，在起步、爬陡坡、通过困难路段等行驶阻力大的情况下被采用。但用低速挡时车速慢，发动机转速高，发动机温度容易升高，燃料消耗大。因此，用低速挡行驶的距离不宜过长。

图 1-4　手动变速器挡位设置

（2）中速挡：中速挡是车速由低到高或由高到低的过渡挡位。通常在转弯、过桥、会车、通过一般坡道或通过一般困难路段时使用，但也不宜长时间中速挡行驶。

（3）高速挡：在道路条件较好，发动机有足够的动力和（或）汽车载荷轻时，应用高速挡行驶。高速挡行驶时速度快，牵引力小，发动机转速较高，燃料消耗低，发动机磨损也小，适用于在较好的路况下长距离行驶。

自动变速器挡位设置如图 1-5 所示，自动变速器汽车驾驶技巧：一般正常行驶状态下自动挡汽车理想的换挡区间为发动机转速在 2000 ~ 2500r/min 时，若重踩加速踏板，自动变速器会自动延迟换挡时机，以获得长时间的大功率输

图 1-5　自动变速器挡位设置

出，一般会在发动机转速达 3000r/min 以后才会升挡，全踩加速踏板的情况下会在转速达到红线区才升入下一挡（这种设置基本就代替了 S 挡的作用）。相反若缓踩加速踏板变速器会最早在发动机转速不到 2000r/min 时就升入下一挡，以达到配合驾驶者意图和节油的目的。新手上路一定要注意对换挡时机的掌握。

踩一下松一下加速踏板的自动变速器换挡技巧，可以实现提前升挡（但也要选择好踩、抬加速踏板的时机），但这是在牺牲加速能力的情况下达到相对节油的目的，并不能使车辆加速更快。当发动机转速上升到换挡区间后，只要松抬加速踏板，自动变速器会自动作出升挡的指令，而在松抬加速踏板的瞬间发动机转速会下降一些，正好与刚升挡的齿轮衔接，这时再加速前行，就会觉得整个自动变速器换挡过程更加平顺，乘坐也更加舒适。

新手上路特别需要注意的是：根据自动变速器换挡技巧，实现提前升挡后，再踩加速踏板时不可力度过大，否则变速器会认为驾驶者需要急加速，而当前挡位动力输出无法满足要求而自动降挡，又回到较低挡位上造成跳挡！对于这种情况，新手可以在操作中实践几次，掌握好自己车辆自动变速器的控制尺度。

1 挡和 2 挡就是在上坡和下坡行驶的时候起作用。上坡时，如果坡度很大，根据自动变速器换挡技巧，可以挂入 2 挡或者 1 挡来完成爬坡后再挂入行驶挡正常行驶。下坡时，1 挡和 2 挡就是作为发动机辅助制动来使用，大家都知道手动挡汽车在山区行驶，下长坡、大坡时（当然下小坡就没有必要这么操作了）可以挂在较低挡位辅助制动，而自动变速器汽车在 D 挡时是没有辅助制动作用的，它只会越滑越快。所以，新手在这个时候就可以挂入限制挡（即 1 挡和 2 挡），利用限制挡位上升来实现用发动机作为辅助制动，以减轻制动片的工作压力。

自动挡汽车换挡时，限制挡有时也可以作为强制降速挡使用，就是说若长时间需要较大转矩输出的时候，可以用它把挡位控制在较低挡位上，不过自动变速器也是会根据你踩加速踏板的力度来决定是否降挡的，例如你要超前面的慢车，可以先松开加速踏板再一脚踩下去，这时变速器就会自动降 1 挡甚至 2 挡来满足你的动力要求，完成超车后松开加速踏板，挡位又会回到适合当前速度的挡位，这种情况下就没必要使用限制挡，只用加速踏板来控制就可以了。

掌握一定的自动变速器换挡技巧是新手上路必须做的功课，不过要注意，一定要掌握正确的自动变速器换挡技巧，新手上路，驾驶自动变速器汽车也可以做到从容自如。

第6节 正确使用转向盘

1 操作要求

转动自如，两手不交叉，不掏转向盘，不打死转向盘（如打死转向盘后，可少回一点，带助力转向的转向盘禁止打死），不死握转向盘，不单手握转向盘，不原地转动转向盘。转向盘错误操作示例如图 1-6 ~ 图 1-9 所示。

这个动作俗称“掏轮”，是驾驶动作里面绝对的坏习惯，现在的车转向盘真的没有这么沉，没必要这样。另外对于控制来说，其实这个动作不会太精准，用力也不均

图 1-6　转向盘错误操作示例一

“搓轮”：停车入位的时候这个动作非常常见，因为这样做可以实现单手快速地旋转转向盘。但是弊端也不少，就是非常容易打滑，另外也不容易记住到底转了多少角度。总之这是个坏毛病，与标准驾驶完全不符

图 1-7　转向盘错误操作示例二

如果手放在这里，相对来说可转动的幅度要大一些，但是问题在于，如发生撞击后气囊弹出来，手臂可能受到严重的伤害，如果手的骨节反打在脸上也很危险

图 1-8　转向盘错误操作示例三

图 1-9　转向盘错误操作示例四

2 操作转向盘

驾驶员可以把转向盘看作一个表盘，左手握在转向盘 9 点位置，右手握在转向盘 3 点位置（图 1-10 ~图 1-13）。右转向时，左手推送一定位置后，松开的右手要及时上移握住转向盘，左手回去继续推动转向盘。左转向时反向操作。

图 1-10 转向盘正确操作一

图 1-11 转向盘正确操作二

图 1-12 转向盘正确操作三

图 1-13 转向盘正确操作四

3 错误操作引起的问题

两手交叉握转向盘会出现无法转动转向盘的问题。小幅推送转向盘会引起转轮慢。转向盘转到极限位置会造成转向机构磨损或损坏，特别是带助力转向的转向盘，会严重损坏转向助力泵和转向机。紧握转向盘容易出现驾驶疲劳、行驶方向跑偏、转向过猛等问题。单手握转向盘时，如出现紧急情况，转动转向盘的幅度受到影响。原地转动转向盘会造成轮胎磨损。

4 解决方法

先掌握正确的基本操作方法，多练习，养成好的操作习惯。

小贴士

有的车辆可以上下和前后调整转向盘的位置（图 1-14）。调整开关一般在转向盘的下方或侧方。调整完成后应立刻锁紧调整开关。

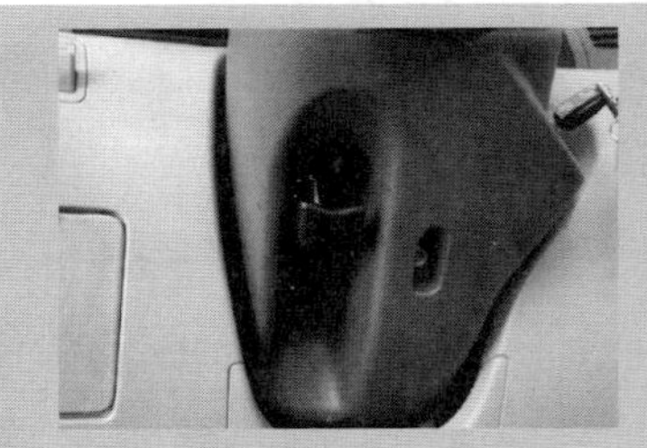

图 1-14　转向盘调整开关

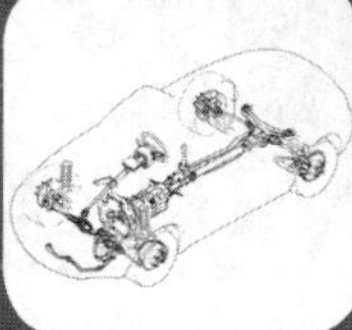

第 7 节

合理使用灯光与刮水器

1 前照灯的使用

（1）遇对向来车时，应关闭远光灯改用近光灯。

（2）在黄昏行车时，打开前照灯的时间宜迟不宜早。如果提前打开远光灯或近光灯，都会给对向来车驾驶员造成炫目，而且还影响自己的视觉。但是在较为颠簸的路段行驶，则宜提前打开前照灯，这样，路面坑洼会看得更清楚一些。

（3）夜间通过弯路、驼峰路等视线盲区看不到对向车辆时，一定要用转换远近光灯的方法，闪烁 1 ~ 2 次，以提醒盲区行进的人、车做好避让准备。

（4）夜间行车遇有对方汽车占道行驶而没有按规定变换远、近灯光时，可变换远、近灯光、发信号提示。

（5）夜路前方如遇自行车、行人较多时，一要减速慢行，二要增加远光灯、近光灯转换的次数，这样会将自行车、行人看得更为清楚。

（6）在夜晚会车时，如遇对向来车不做近光转换而一直远光照射时，自车应当立即换成近光，切不可两车远光对射。在此情况下，换成近光灯反而会看得清楚，互相对射将使双方驾驶员都看不清路，很容易引起双方炫目而撞在一起。

（7）在夜路超车时，利用远近光灯交替转换的方法警示前车，前车更容易感知被超时两车之间的实际距离。但转换次数最多不要超过两次，并且要把握好两车之间较为适宜的距离。

（8）遇大雨和大雾时，宜将远光灯及时转换为近光灯，这样将会对路面看得更清楚一些。同时，还要将雾灯打开，以提示过往来车。

（9）在黎明行车时，关闭前照灯宜早不宜迟。因为通过一段时间的夜路行车，眼睛已经有了较强的暗适应能力，黎明较早关闭前照灯不但不会影响观察，而且会对路上的物体看得更清楚。

（10）白天行车时，提拉前照灯变光开关，既可以作为暂借对向路面行驶，请求合作的信号，也可以作为防止对向汽车穿插、占道的提示信号。

（11）行车中遇到熟人驾驶的汽车打招呼时，通常是在两车接近时，鸣一声短笛，而白天在禁止鸣喇叭的区域行驶，也可改为闪一下前照灯以示问候。

（12）在白天超车，遇有汽车噪声较大或封闭较好且开音响的小型汽车，听不到喇叭声音时，后车还可在能够看到前车左侧后视镜时，提拉前照灯变光开关，发信号提示。此时，在前车的左侧后视镜中，会出现后车前照灯的亮点，能够收到较好的提示效果。

（13）白天在城市禁止鸣喇叭的街道上行驶时，遇有左右车道的汽车企图强行变线插入本车前方时（特别是本车位于侧方前车的视线盲区时），也可开启前照灯使光线照射到前车的尾部，利用其反光作用加以提示。

2 示廓信号灯（小灯）的使用

汽车的示廓灯又称小灯，是用以显示汽车宽度和所在位置的信号装置。一般在汽车的前部设置于前照灯两侧，一边一个，在汽车的尾部设置在车体两侧，与牌照灯同亮。其主要用途有以下几种：

（1）汽车在夜间路灯照明良好时，进入市区后，即便是在路灯很亮的街区行驶或靠路边暂时停放，也不要把所有灯光全部关掉，应保留开启示廓灯，如图 1-15 所示。

（2）转向信号灯的使用如图 1-16 所示，转向信号灯是用以指示汽车行驶方向的信号装置。通常是在汽车前、后两端的左、右两侧分别设置的黄色小灯，其用途如下：

图 1-15　保留开启示廓灯

转向灯，顾名思义就是汽车转弯或变道亮起的灯，其作用是提示前后左右车辆及行人注意车辆行驶的方向

图 1-16　转向信号灯

①汽车起步上路或靠边停车。

②汽车向左或向右转弯。

③汽车超车前及超车后。

④汽车在变更车道前及变更车道后。

⑤汽车掉头。

3　制动信号灯的使用

制动信号灯（图 1-17）是用以提示后车减速的红色信号装置，有的设置在汽车尾部的左右两侧，有的同尾灯设置在一起，当驾驶员踩制动踏板时，尾灯亮度增强。

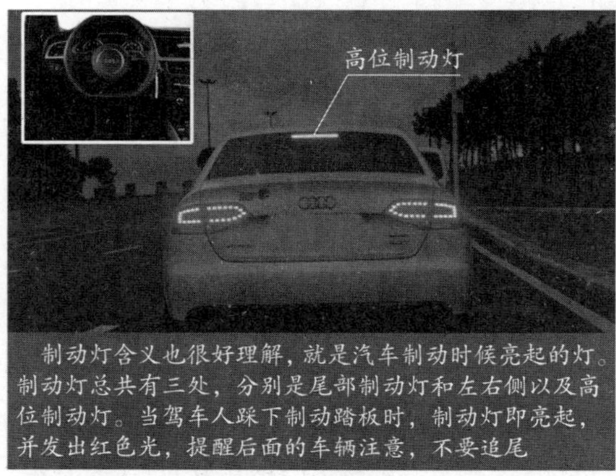

图 1-17　制动信号灯

4 应急信号灯的使用

应急信号灯（图 1-18）的工作状态是前后 4 个转向灯同时闪亮，驾驶员在行车中遇有下列情况须点亮应急信号灯，其他汽车应注意避让：

（1）汽车发生故障停在路边。

（2）汽车发生交通事故。

（3）汽车掉头。

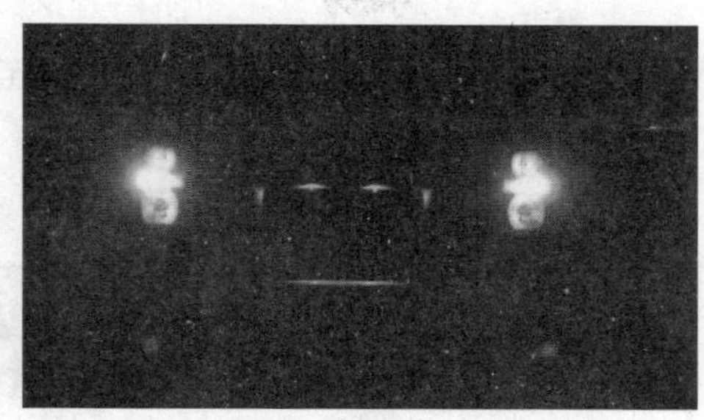

图 1-18　应急信号灯

5 刮水器

刮水器的作用是雨、雪天及时清除汽车前后车窗雨水和雪花，或清除前后车窗尘土时，临时清洗车窗玻璃（图 1-19)。同时刮水器起作用的前提是车窗清洗液罐内要有清洗液。

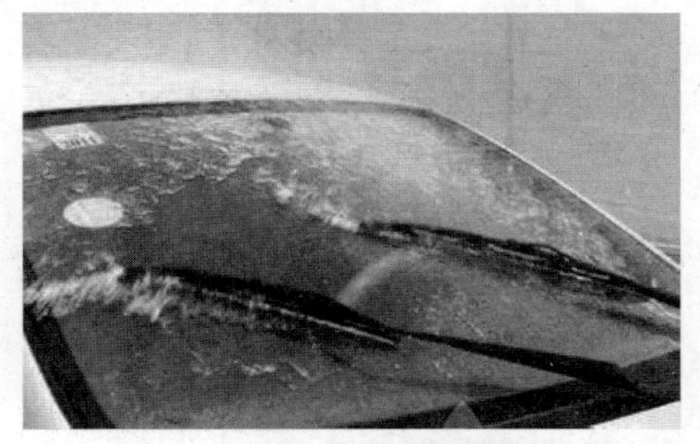

图 1-19　刮水器

刮水器的使用要求：及时补充车窗清洗液，夏天可以用水，冬天必须用防冻的专用清洗液；根据雨量的大小，选择合适的刮水器的工作速度；不干刷，不冻刷。

当点火开关处于“ON”或“ACC”部位时，拨动刮水器开关到“INT”、“LO”或“HI”位置，即可使刮水器处于间歇、低速或高速刮水工作。

使用刮水器时应注意以下事项：

（1）冬天使用刮水器之前，先检查刮水器的刮片与车窗有无冻住，以防止电动机烧坏。

（2）刮水器运转时，如由于冰雪或其他原因停住，即使关掉刮水器开关也可烧坏刮水器电动机，这时应即刻停止汽车行驶，关掉点火开关，擦净车窗玻璃，以使刮水器能正常运转。

（3）风窗玻璃处于干燥状态时，不能使用刮水器，否则会擦伤玻璃，亦会过早损坏刮水器刮片。

风窗玻璃洗涤器开关的使用方法如图 1-20 所示。朝箭头方向抬起开关，洗涤液便会喷洒在风窗玻璃上，应避免连续使用洗涤器 20s 以上，储液容器空时，不能使用洗涤器。

图 1-20 所示为刮水器挡位开关设置，图 1-21 所示为刮水器使用方法。

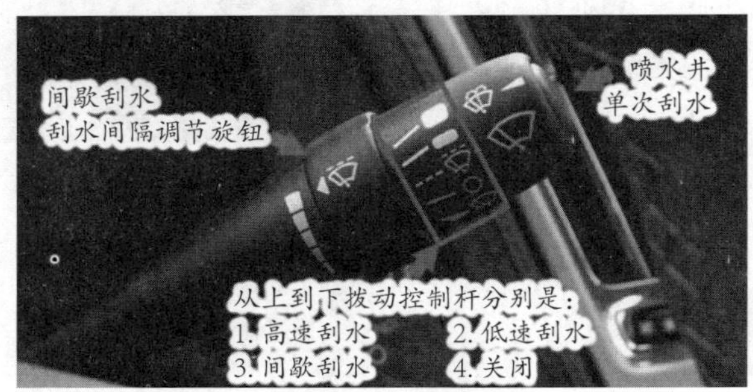

图 1-20　刮水器挡位开关设置

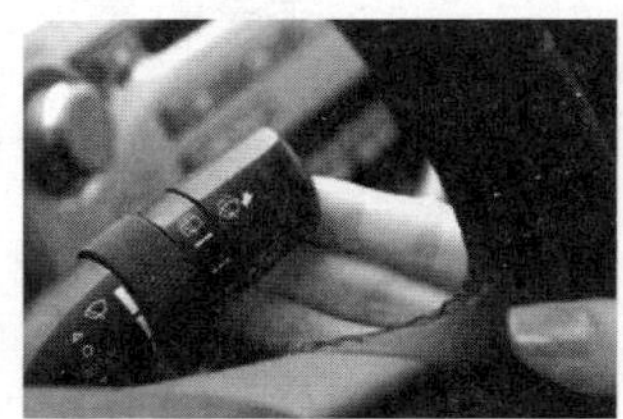

上下拨动刮水器拨杆，可调节刮水器的摆动频率和启动自动感应刮水器，向后拨动则为前风窗玻璃喷玻璃水

旋转内圈可调节自动感应刮水器的灵敏度（摆动频率）

旋转外圈可开启后窗刮水器和喷玻璃水

图 1-21　刮水器使用方法

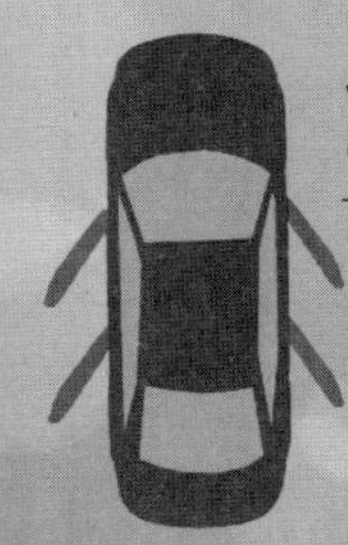

第2章

练好基本功，驾车平安行

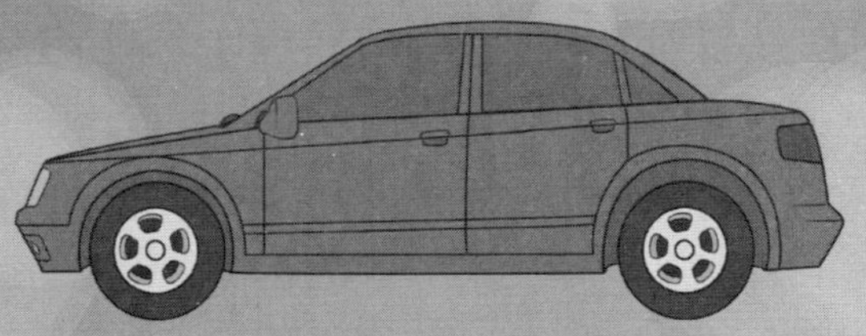

第 1 节 发动机的起动与停熄

发动机的起动与停熄是驾驶的基本操作内容之一，也是驾驶时的经常性工作，驾驶员在行车中，将会多次进行这种操作，这一操作的好坏直接影响着发动机的使用寿命和燃料消耗。因此，每个驾驶员都应该了解、熟悉和掌握发动机的起动和停熄的正确操作方法，并在驾驶中认真执行。

1 发动机的起动

起动发动机时切勿急躁（图 2-1），应遵循以下步骤。

步骤 1：作为安全措施，首先确认驻车制动器操纵杆已拉紧。

图 2-1　起动发动机切勿急躁

步骤 2：为便于发动机顺利起动，应将离合器踏板踩到底。

步骤 3：将变速杆挂在空挡位置。为确认变速杆是否放在空挡位置，可试着将变速杆做横向移动，可移动范围最大的就是空挡位置。

步骤 4：将加速踏板稍向下踩至 1/3 左右，电喷车起动时不需踩加速踏板。

步骤 5：将发动机开关向右转至 START（开始）位置，听到发动机的正常运转声音后即可放手（如果没有起动起来，稍等一会再次起动）。

步骤 6：待发动机运转平稳后，匀速地松开离合器踏板，保持发动机低速运转，严禁猛踏加速踏板。

特别注意：起动时应注意起动机的使用，每次起动时间不得超过 5 ～ 7s。若 3 ～ 4 次仍起动不着，则应检查油路、电路有无故障，如有应排除故障后再行起动，不可勉强使用起动机，以免造成起动机使用过度以及影响蓄电池的使用寿命。

2 发动机的停熄

正常情况下，停熄发动机只需将点火开关关闭。另外，需要检查车辆是否有灯光等其他用电设备忘记关闭，以免造成蓄电池亏电，影响蓄电池使用寿命，甚至造成下次无法起动，如图 2-2 所示。

图 2-2 停熄发动机时关闭所有用电设备

特别提醒：切忌在发动机停熄前空踩加速踏板，以免造成燃料浪费和排放污染。若发动机温度过高或经过重负荷行驶后，发动机停熄前应使发动机怠速运转 1 ~ 2min，等发动机温度下降后，再关闭点火开关（特别是对于具有涡轮增压器的发动机，待发动机怠速运行一段时间方可停熄发动机，以免造成涡轮增压器高温缺润滑油损坏）。

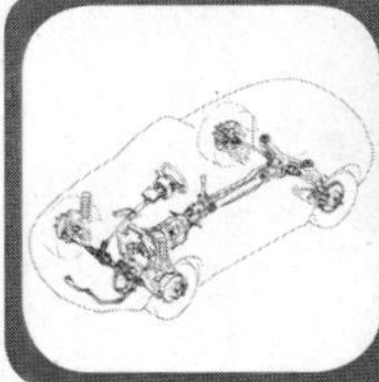

第 2 节 正确起步

汽车以动力牵引从静止到行驶开始的过程称为起步（图 2-3）。车辆起步时需要较大的转矩来克服车辆的静止惯性，因此一般都用低速挡起步。在平坦坚

图 2-3 汽车起步

实的道路上，空车起步可用 2 挡，重车和拖带挂车起步时应使用 1 挡。

1 操作顺序

步骤 1：晃动变速杆检查是否在空挡位置，打开点火开关，正确起动发动机，观察仪表工作是否正常。

步骤 2：调整后视镜且查看车辆周围有无不安全情况，踏下离合器踏板。

步骤 3：将变速杆挂入起步挡（1 挡或 2 挡）。

步骤 4：观察车前、左右及后视镜，看是否有阻碍起步的情况，特别要注意安全。

步骤 5：握稳转向盘，开启左转向灯并松开驻车制动器操纵杆。

步骤 6：左脚缓抬离合器踏板，右脚同时适度踏下加速踏板，使车辆平稳起步。

步骤 7：车辆平稳起步后，将左转向灯拨回。

2 操作要领

起步时要保持正确的驾驶姿势，注视前方道路上的交通情况，不得低头看变速器操纵杆位置，要领是：

（1）左脚踏下离合器踏板，右手将变速杆挂入低速挡。一般情况下，在平坦坚实的道路上空车起步，可用 2 挡，重车可视情况用 1 挡或 2 挡。

（2）握稳转向盘，开启左转向灯，观察周围情况，确认安全后，松开驻车制动器操纵杆。

（3）左脚按“快–停–慢”的要领放松离合器踏板，右脚同时缓慢踏下加速踏板，使车辆平稳起步，进入正常行驶路线后，关闭左转向灯。

正确的起步，应使车辆平稳而无前冲、抖动、熄火的现象。平稳起步的关键是离合器半联动时机的掌握与加速踏板的密切配合。在松抬离合器踏板的过程中，开始时稍快，当快抬至发动机声音有所变化（转速降低，声音沉重），车身稍有抖动时，应将离合器踏板在此位置稍停一下，右脚同时徐徐踏下加速踏板，再慢慢抬起左脚的离合器踏板，直至完全放松。如果在起步过程中感到发动机动力不足，发动机将要熄火，应将离合器踏板再踏下一些，适当踏下加速踏板，重新起步。

起步时离合器踏板与加速踏板的配合要领可归纳为：左脚快抬听声音，音变车抖稍一停，右脚平稳踩加速，左脚慢抬车前进。

3 操作要求

（1）起步操作顺序应规范正确，动作有先、有后、有同时，不可遗漏。

（2）起步时，身体要保持正确的驾驶姿势，两眼注视前方，不可低头看变速器操纵杆。

（3）车辆起步应平稳，无明显前冲、振抖现象，不熄火，操作动作准确无误。

4 注意事项

（1）上车前一定要环视车辆四周，确定无阻碍行驶安全的情况。

（2）起步时若感到发动机动力不足，发动机将要熄火时，立即踏下离合器踏板，重新起步。

（3）离合器踏板的使用一定要按动作要领进行。离合器踏板放松过慢，会使离合器摩擦片与压盘及飞轮接触面磨损加快，导致离合器部件损坏。离合器踏板放松过快，加速踏板踏下过少，会使发动机熄火。

（4）踩加速踏板时应是柔性渐加。加速过快，会引起汽车猛向前冲，不仅影响安全，还会使汽车传动零件受到损伤。起步时，如一次挂不进低速挡位，可松踏一次离合器踏板再挂挡，或者先试挂其他挡位，然后再挂起步挡位。

（5）汽车起动后，不能立即转动转向盘驶入路中，应在确认安全后逐渐驶入路面。

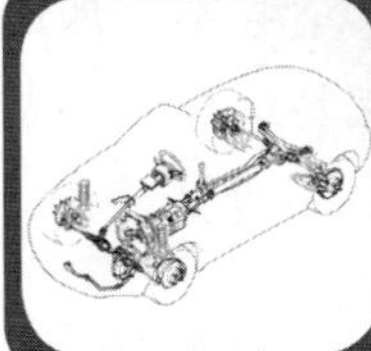

第3节 并线、跟车、超车

1 并线

图 2-4 汽车并线

并线是指离开现在行驶路线，变更到另外一条行驶路线的操作。此操作需要用转向灯灯光提示前后和周围车辆后再操作，操作过程包括观察判断过程，实际操作过程，实施过程的修正，并线完成后的操作。汽车并线如图 2-4 所示。

（1）并线的基本要领。先开启转向灯，看后视镜中交通状况，安全后再并线。

（2）并线要领和程序详解。先开启转向灯，是告诉后方及其他车辆驾驶员你要并线，让他们也有所准备。看后视镜是根据情况判断自己是否可以并线，确定安全后再实施并线。如果在实施过程中，因情况变化或其他人不让自己并线，应修正自己的操作，再次确认安全后再实施并线。并线完成后要及时关闭转向灯。

（3）并线应掌握的技术和其他车辆的提示信息。直线行驶时，主要是通过后视镜判断情况，因此一定要会观察后视镜，就是要学会通过后视镜判断后方车辆的情况。会观察后视镜的标准是：能判断后方车辆和自己是同车道还是相邻车道；能判断后方车辆速度的快慢；能判断后方车辆与自己车辆距离的远近。其他车辆通常反馈鸣喇叭、变换远近灯光提示、加速行驶、减速行驶、正常行驶等信息。从以上信息中，你可以知道其他车辆是否配合自己并线。如果不配合自己并线，不可强行并线。

（4）并线的几种形式。

①超车并线，就是超过其他车辆后再实施并线。

②让车并线，就是让其他车辆超过自己后再并线。

③插队并线，在自己前后车辆很多的情况下，自己又必须并线，可以选择适合的时机并线，前提是需要后车的配合，而前方车辆正常行驶。

2 跟车

驾驶汽车在道路上行驶时，经常需要尾随前方车辆前行，即跟车行驶。掌握正确的跟车方法，保持合适的跟车距离，对减少事故有重要意义。

1 跟车技巧

跟车时，前后车之间必须保持一定的安全距离，在前车减速或制动时，后车有足够的时间供驾驶员作出反应，采取制动措施，不致发生追尾事故。跟车距离应根据车速、道路、气候和交通等情况确定。

（1）根据车速确定及跟车距离（图2-5）。

行驶中，车速越快，车辆的间距应越大。不同车速下的跟车距离见表2-1。高速公路设有车辆纵向距离测量标牌，能够帮助驾驶员估算与前车的距离。

图2-5 根据车速确定及跟车距离

不同车速下的跟车距离 表2-1

车速（km/h）	跟车距离（m）	车速（km/h）	跟车距离（m）
20	10	70	70
30	15	80	80
40	25	90	90
50	35	100	100
60	45	＞100	与车速数值相同

（2）根据道路交通情况确定跟车距离。在砂石、泥泞等路面，或路面上有

雨水、冰雪，应增大跟车间距。在坡道上行驶，上坡跟车时，因有上坡阻力的影响，跟车距离可以比平路上稍短一些；下坡跟车时，因下坡车辆有自动下滑的趋势，制动距离应比平路上要长，所以跟车距离比在平路上要适当地加大。

（3）根据气候确定跟车距离。在遇风、雨、雪、雾等恶劣天气时应增大跟车间距。

（4）根据交通情况确定跟车距离。在市区一般道路上应保持跟车距离为20m，在市区繁华拥堵的街道上，应至少与前车保持5m的距离，或根据道路交通提示确定跟车距离。

2 跟车经验

（1）精力集中。跟车时精力要高度集中，确保前车紧急停车时，自己所驾车辆都能及时停下来，即使前车制动灯不亮，或突然侧滑、甩尾时，也能从容应付。

（2）控制车距。跟车时，应保持适当的车间距离。若车距过小，则视角变小，视线不良，盲区增大，给驾驶员处理情况增加许多不利因素，同时前车紧急制动容易发生追尾事故；若车距过大，则很容易被后边的车辆超越，自己的车便会“掉队”，跟不上前车，如果所有的车辆跟车距离都过大，则会影响道路交通流量，特别在城区行驶，这点更为突出。

（3）注意观察。转弯或前车超车时，要注意观察、判断，以防遇到突发情况措手不及。

3 跟车禁忌

（1）忌车距不当。跟车距离过小或过大都不正确。有些驾驶员不顾主客观条件，与前车保持极小的车间距离，误认为前车发现情况能停住，自己的车也一定能停住；还有些驾驶员害怕出事，不管条件多好，都保持过大的跟车距离，使道路交通容量减小，影响车辆通行，这两种做法都不可取。

（2）忌车速不当。有的驾驶员跟车时车速忽快忽慢，一会儿猛加速，一会儿又制动减速，频繁换挡，这不仅会造成驾驶员操作疲劳，而且还会引起危险情况的发生。

（3）忌随车流跟车。在车队行驶时，有的驾驶员漫不经心地随车流行驶，且把注意点固定在前车上，这是十分危险的。由于前后车速度相同，长时间的定向观察极易形成“静止视野”而逐渐引发意识低下，造成在不知不觉中失去驾驶感觉，动作反应迟钝，这也是引发多重碰撞事故的主要原因。

3 超车

超车一般是在高速行驶的情况下进行的，如果不能很好地处理超车中的安全问题，随时都可能发生事故（图 2-6）。

图 2-6　超车

1 超车操作技巧

（1）超车前的操作要领。

①了解车辆性能。超车前，驾驶员应充分了解本车的加速性能及喇叭、转向灯等零部件的工作情况，并正确判断前车车速，果断决策能否超越前车，必须在有 100%把握的情况下才能超车。

②选择超车路段。应选择平直宽阔、视线良好、左右均无障碍且前方路段 150m 范围内没有来车的路段超车。在经过交叉路口、陡坡、急弯等险要路段以及设有禁止超车标志的路段严禁超车。

③判断超车距离与时间。超车一般要占用道路中心或借用对方车道，与前车并行的距离越近、时间越长，危险性就越大。所以，驾驶员要安全超车，除了应掌握超车的条件和方法外，还应了解一次超车需要行驶的距离和时间。

（2）超越时的操作要领。超车时，先提高车速，向前车左侧接近，打开左转向灯。在距离前车 20 ~ 30m 处鸣喇叭（在不准鸣喇叭的城市和夜间行驶时，可断续开闭远光灯示意）通知前车。在确认前车允许超车后，与被超车保持一定侧向安全距离，从左边超越。

（3）超越后的操作要领。超越前车后，应继续沿超车道行驶，不能过早地驶入原来的行驶路线，在超过被超车 20 ~ 30m 后，打开右转向灯，驶回原车道，关闭转向灯。

2 超车操作经验

（1）把握好超车时机。超车前要仔细观察前车、道路和交通情况，确定超车的时机。一是要在前车前方交通、道路状况良好时超车，前车前方没有禁止超车的场所，在超车距离内，没有迫使前车向左侧变更行驶方向的可能，同时没有阻碍本车在道路左侧正常行驶的任何障碍。二是要在对向来车不影响超车时超车，在超车前，可见到的对向车辆应远在超车距离以外，当超过前方汽车时，不会因对向来车影响正常行驶。三是要在前车的行驶速度较低时超车，被超越车辆的行驶速度比本车的速度慢，本车能快速完成超越。四是道路应有足够宽度，可以并行三辆以上汽车，超车时不会影响其他车辆行驶。

（2）超车时应保持适当的横向距离。横向距离包括：右侧与被超车之间的距离；左侧与可行路面边沿之间的距离。行驶速度越快横向距离就要越大，行驶速度在 40 ~ 60km/h 时右侧最小安全间距为 1m 以上；车轮至路边的最小距离是 0.7m 以上。超车时，有的驾驶员往往只注意一侧的间距而忽视另一侧的间距，这种顾此失彼的现象会造成剐蹭或翻车事故。超车时掌握横向距离并要左右兼顾，同时掌握方向，注意车速，尽量减少汽车的横向振摆，以利安全超车。

（3）恰当处理超车出现的险情。如由于超车前观察不仔细，判断不准确，在超越时突然发现对向来车临近，道路左侧出现障碍物，横向间距过小而有剐蹭可能时，切莫抱侥幸心理，一错再错，冒险超越，此时此刻要沉着冷静，毫不犹豫地打消继续超车的念头，立即放松加速踏板，降低车速，并根据情况缓和地踩下制动踏板，逐渐减速，利用时间差，让被超车前行腾出空间后，返回原车道，从而避开险情。在处理上述险情时，必须慎用紧急制动。有时往往因驾驶员临危惊慌失措，盲目使用紧急制动，导致事故发生。

（4）超越停驶车辆不可大意。超越在路边停驶的车辆，要防止停驶车辆突然开启车门，或人从车底下钻出、从车上跳下，或其他行人、非机动车从车前穿出，同时还要防止停驶车辆突然起步驶入车道而发生事故。超越时，应抬起加速踏板，利用发动机牵引阻力减速，多鸣喇叭，注意观察，加大与停驶车辆的横向间距，并做好停车等应急准备。

③超车禁忌

（1）忌强行超车。前车由于未觉察信号或不具备让超条件等原因，暂无让超表示时，不能急躁，应选择适当路段，再次发出超车信号，待前车让超后，方可超车，切不可强行超车。需要注意的是，此时即使前车靠右，也得仔细观察路况，判断准确是否可以超车。前车靠右有多种可能，可能是让超车，也可能是避绕路中坑、沟等障碍物，可能转弯，也可能让行路口要驶入的车辆，还可能准备会车等。稍有疏忽大意，就会导致失误。对少数故意不让超者，一定要冷静对待，这时尽管是前车驾驶员违反交通法规，但是我们也有避免事故发生的责任，不能强行超车。

（2）忌超车时机不当。下列时机不准超车：

①前车示意左转弯、掉头时，不准超车。

②预计在超车过程中与对向来车有会车可能时，不准超车。如果距对向车道上来车较近（一般为150m）时超车，很可能在超越未完成时就发生碰撞，当被超越车辆的行驶速度较高时，这一距离还应适当加大。

③前车正在超车时，不准超车。由于前车加速行驶，一是不容易超越，超越时间加长，危险性加大；二是两辆超越车抢道并行，容易引起车祸，这种双重超车是不允许的。

④气候条件不良，如狂风、暴雨、大雪、浓雾等恶劣天气时，不准超车。

（3）忌超车场合不当。下列场合不准超车：

①通过胡同（里巷）、铁路道口、急弯路、窄路、窄桥、隧道时，不准超车。

②行经交叉路口、人行横道、漫水路或漫水桥时，不准超车。

③汽车行至弯道、陡坡等处，不准超车。由于这些地方视线受阻，无法加速行驶。另外，很可能对向有车辆驶来，处理不当会发生碰撞事故。

④行驶在泥泞、冰雪道路上，不准超车。

（4）忌对不肯让超的车实施报复。对于不肯让超的车，驾驶员不可烦躁，要有耐心，应反复鸣喇叭提醒前车，跟车距离可适当缩短一些，一有机会便快速超越。超越后切不可采取甩尾、靠边挤逼、紧急制动等报复行为，以防被超车来不及反应而发生碰撞或操作不当发生翻车等意外事故。

第 4 节

坡路起步

（1）手动变速器汽车上坡起步（图 2-7）。

图 2-7　坡路起步

①行车制动起步：右脚踩住制动踏板，左脚踏下离合器踏板，将变速器挂入前进 1 挡，快抬离合器踏板至半联动点不动，右脚从制动踏板迅速抬起，然后根据坡度大小适当踏下加速踏板，这时车辆就向前行驶，到车速不能再升高时再慢抬离合器踏板，直至全部抬起离合器踏板，起步成功。离合器半联动点的判断（适合电喷车）：发动机抖动明显（行驶系统有前进趋势，而制动踏板被踩住，发动机动力不能输出，产生抖动）。

②驻车制动起步：拉起驻车制动器操纵杆，左脚踏下离合器踏板，将变速器挂入前进一挡，快抬离合器踏板至半联动点不动，右脚根据坡度大小适当踏下加速踏板，这时车辆就向前行驶，到车速不能再升高时，再慢抬离合器踏板，直至全部抬起离合器踏板，起步成功。离合器半联动点的判断：发动机抖动明显（行驶系统有前进趋势，而制动踏板被踩住，发动机动力不能输出，产生抖动）；发动机转速降低（在加速的状态下，由于抬起离合器踏板，发动机有负荷，所以转速降低）；车头轻微翘起（当离合器踏板抬起时，由于驻车制动是后轮先制动，前轮向前行驶，驾驶员就会看到车头轻微翘起，这种方法是初学驾驶员必须掌握的，也是最准确的，最常用的）。

（2）手动变速器汽车下坡起步：下坡起步时，先放松制动踏板或驻车制动器操纵杆，让车慢慢溜动，然后根据坡度大小和车速挂 2 挡，慢抬离合器踏板，起步成功。

（3）自动变速器汽车上下坡起步：只要挂上 D 挡（上坡坡度大时起步需挂 D1 挡），抬起制动踏板踩下加速踏板即可。

第5节

车辆驶入、驶出主路

在城市里开车经常遇到驶入、驶出主路的情况，例如从停车场或加油站出来，进入车流繁忙的主路。这一出一进之间，可谓是危机四伏（图2-8）。

图2-8 车辆驶入、驶出主路

其实交通法规对驾车驶入主路是有规定的：如辅路车辆必须让主路正常行驶的车辆优先通过，辅路车辆在进入主路前应该仔细观察，确认空当足够大，不会妨碍主路车辆正常通行。如果不遵守法规而导致交通事故，肇事方必须负全责。

可是，在日常生活中可不是每个驾驶员都能遵守规则，小路中突然冲出车辆抢路行驶的现象时有发生，很多事故往往就在这样的时刻发生了。“宁停三分，不抢一秒”需要时刻牢记于心。

在实际行驶中，进入主路前应稍停片刻，以便让自己获得足够的时间进行判断。其实很多情况下车流是有规律的，等后方路口红灯亮起后，路上的车辆数量就会大大减少。否则，只能耐心等待一个适当的空当出现。此外，在并线时一定要打开转向灯，不要一味赶超其他车辆。这时候不仅要观察相邻车道的情况，还要观察是否有突然冒出的行人、自行车和摩托车。尽管对方可能违反了交通法规，但是根据目前我们国家的交通法律法规，如果出了事故驾车的驾驶员还是要负一定的责任。

总结一下，从辅路进入主路要先停车，打开转向灯，仔细观察，确认空当足够时再起动。一名有责任心的驾驶员应该学会规避风险，这不仅保护了自己和别人，也维护了良好的交通秩序。

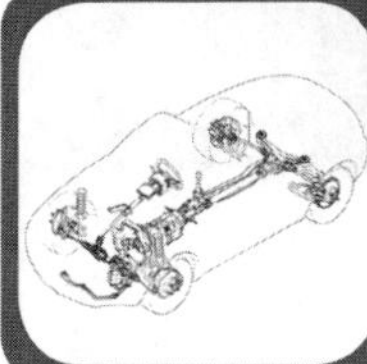

第 6 节 车辆转弯

在驾车过程中，汽车转弯是很寻常的事，但殊不知转弯也是有技巧的，驾驶员应了解以下几种不同路况下的转弯技巧（图 2-9）。

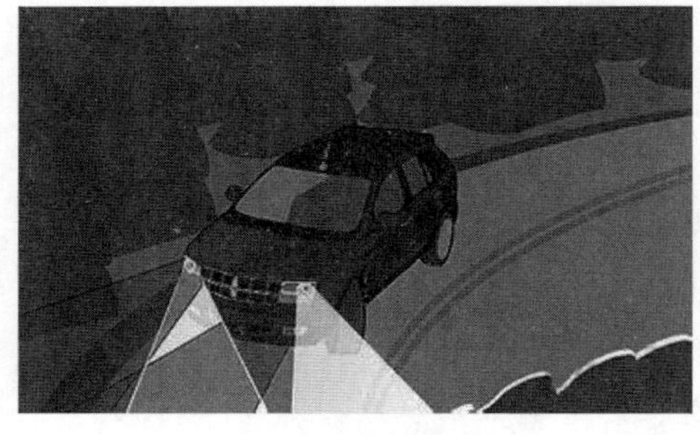

图 2-9　车辆转弯

驾车转弯作为一项基本的驾驶技巧，时常令刚上路的新手感到困惑。在转弯时既想要快速通过弯道又不希望产生太大的离心力，就必须充分利用道路的宽度，尽量以趋于直线的大弧度来转弯。所以，在转弯开始前要靠着弯道的外侧进入弯道，到弯道中间的时候要靠着弯道的内侧行驶，即在弯道弧顶处应该紧靠着弯道的内侧行驶，在过了弯道弧顶之后，再驶回弯道的外侧，靠着弯道的外侧驶出弯道，即过弯时要选择“外—内—外”的转弯路线。

在行驶进入弯道后，会因行进方向的改变而产生离心力将汽车往外圈的方向推。通常在汽车质量不变的情况下，离心力的大小与速度的平方成正比，即当车速变为此前车速的 2 倍时，离心力就变为此前离心力的 4 倍。例如当汽车在高速公路上以 90 ~ 100km/h 的速度高速行驶时，只要转向盘转一点点，就会产生很大的离心力，使汽车摇晃，甚至使车轮侧滑。为了减少离心力避免冲出路面发生危险，经验丰富的驾驶员总结出了一套克服离心力的办法，即选择“外—内—外”的转弯路线。

转弯前在 50 ~ 100m 内减速，用转向灯表示行进方向，做到“一慢、二看、三通过”，密切注意汽车转弯内侧，谨防靠路边并行又不明汽车行进方向的行人、自行车、摩托车争道抢行。

左转弯时，驾驶员要看清道路禁行标识，提前发出转向信号，转向时尽可能靠道路左侧，为后车和右转弯的车提供方便。右转弯时，同样要先发出转向信号，转弯要缓慢，同时注意转向时的入弯和出弯角度，防止右后轮驶出路外，剐蹭到行人和障碍物。

浓雾时的转弯。驾驶员在这种天气下驾车转弯，一定要心中有数，及早打开前小灯和防雾灯，适度使用喇叭，以引起行人及其他车辆的注意，缓慢前进，并随时做好制动停车的准备。

陡坡处转弯。临近弯道时，要减速、鸣喇叭慢行，手动变速器汽车在陡坡处转弯时预先换入低速挡，以求获得足够的爬坡动力，避免在转弯中换挡，以防意外。转向时机要选择适当，应做到一次性转弯，避免因转向不当造成不能一次转过，而需倒一次车后再转弯，增加危险性。

总之，车辆在转弯前，首先必须控制车速，并随时做好停车的准备，尽量避免使用紧急制动与弯道中会车。在转弯时，操纵转向盘要适时转、及时回，转向角度要视实际情况而定，避免意外事故发生。

1 不同道路的转弯技巧

首先，在高速公路或坡度比较缓、路面宽阔的道路，要抄近道转弯（图2-10）。即进弯道时尽量要将车靠内侧行驶，出弯道时尽量将车靠外侧行驶。这样就可以改变汽车行驶的弧度，延缓转弯时的弯度，有效减小离心力，在不大幅减速的情况下轻易转弯。这种方法在场地汽车比赛中使用较多，大量高速行驶的赛车都是抄近道转弯。

图2-10　车辆转弯

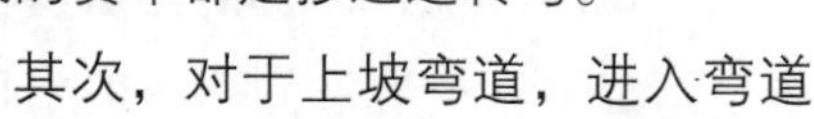

其次，对于上坡弯道，进入弯道前应该松抬加速踏板，让车辆以较快的速度靠着弯道外侧进入弯道，然后将挡位降低1挡或2挡，接着选择行驶路线并修正方向，同时轻踩加速踏板通过弯道弧顶，再驶回弯道的外侧，在确认路况安全后，踩下加速踏板，最后靠着弯道的外侧快速驶出弯道。

在通过下坡弯道时，进入弯道前应该松掉加速踏板踩制动踏板，让车辆大幅度地减速，并且将挡位降低1挡或2挡，然后以较慢的车速靠着弯道的外侧进入弯道，接着松抬制动踏板后选择行驶路线并修正方向，在通过弯道弧顶之后，再驶回弯道的外侧，同时轻踩加速踏板，最后靠着弯道的外侧快速驶出弯道。在此过程中也应选择先外侧后内侧再外侧的转弯路线。

2 通过盲区、复合弯道

通过盲区弯道时是看不到出口弯道的。在盲区弯道上行驶时，由于看不到弯道尽头的交通情况，首先必须降低车速，而且不能按照通过普通弯道的方式驾车行驶。为了避免和对向车辆发生事故，必须靠着道路边缘行驶，在通过左弯道时，汽车应该沿着弯道的外侧行驶。在通过右弯道时，汽车应该沿着弯道的内侧行驶，一旦看到弯道的出口就可以变换车道，修正方向，按着先外侧后内侧再外侧的方法，踩加速踏板加速驶离弯道（图 2-11）。

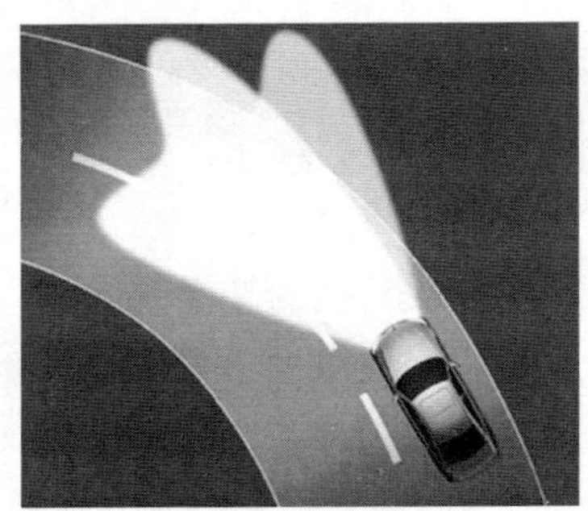

图 2-11 通过盲区弯道

复合弯道是由两个以上弯道组成的。在通过复合弯道时，重点是保证通过最后一个弯道，以便在最后的弯道出口处快速驶离弯道。首先降低车速，驶入第一个弯道的进口，在每个弯道上，都按着先外侧后内侧再外侧的方法行驶，其间可以稍微踩下加速踏板，在通过最后一个弯道时，一旦看到弯道的出口就可以修正方向，充分地加速，直线驶离弯道。

转弯时，还是应该遵循“一看、二慢、三通过”，不能在自己转弯的同时危害到别人的安全。针对在转弯时出现的问题，汽车厂商也都在自己的产品上下了很多工夫。一般来说，四轮驱动的汽车转弯性能比较优秀，带 EPS 转向系统的汽车，其转弯性能也十分出色。

此外，由于中国内地的道路分快慢车道，所以如果在十字路口选择右转，千万要降低车速，观察右边正准备直行的电动车、自行车，以免右转时与其相撞。

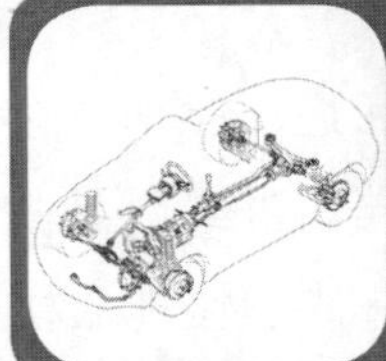

第7节 车辆掉头及会车

1 掉头技巧

1 掉头地点选择技巧

图 2-12　汽车掉头

汽车必须选择交通量小的交叉路口和平坦、宽广、路肩坚实的安全地段进行掉头。根据路面宽度和交通情况，汽车掉头可分一次顺车掉头或顺车与倒车相结合掉头（图 2-12）。如无上述条件也可选择利用路旁的空地进行掉头。

2 途中掉头技巧

（1）一次顺车掉头。在较宽广的道路上，应尽量运用大迂回一次顺车掉头。此方法迅速、方便、经济、安全。如在有交通指挥人员的地方，要事先发出掉头信号，得到指挥人员的许可并示意后，降低车速用低速挡，鸣喇叭慢行掉头。

（2）顺车与倒车相结合的掉头。如道路狭窄不能一次顺车掉头，可运用前进或后退相结合的掉头方法。

掉头时，首先要选择合适的地段，发出向左转弯的信号，将车缓慢地驶向道路的一侧，转向盘向左转足，当前轮快要接近路边或车辆前沿接近障碍物时踏下离合器踏板，轻踏制动踏板，并在车辆还未完全停止时将转向盘迅速向右转足，将前轮转至后退所需的新方向，立即将车停稳。后退时，应先观察清楚车后情况，然后慢慢起步，并向右转足转向盘，待车倒退至后轮将接近路边或车辆后沿接近障碍物时，立即踏下离合器踏板，轻踏制动踏板停车，并利用停车前这一时机，迅速向左回转转向盘，使前轮转至前进所需的新方向。如此时仍不能完成掉头，可再次后退或前进，反复几次至掉头完成即可。

掉头时，如遇非常情况（路面倾斜或狭窄），无论前进、后退、停车，除使用行车制动器外，还应使用驻车制动器，待车停稳后，再挂挡前进或后退。在操作时，应一手握稳转向盘，一手握紧驻车制动器操纵杆，一脚缓慢地放松离合器踏板，同时另一脚踏加速踏板适当加速，当离合器大部分已接合时，放松驻车制动器操纵杆，使汽车缓慢而平稳地前进或后退。

在掉头的过程中，由于车轮接近路边的距离各不相等，在判定车位时，应以先接近路边的车轮为准，路旁如有障碍物，前进时，应以前保险杠为准，后退时，可以后保险杠为准，切勿与障碍物触碰。

2 会车驾驶技巧

（1）减速会车技巧。车辆在没有设置中心分隔护栏的道路行驶，与前方来车交会时，应适当降低车速，并选择比较空阔、坚实的路段，靠路右侧缓行交会通过（图 2-13）。

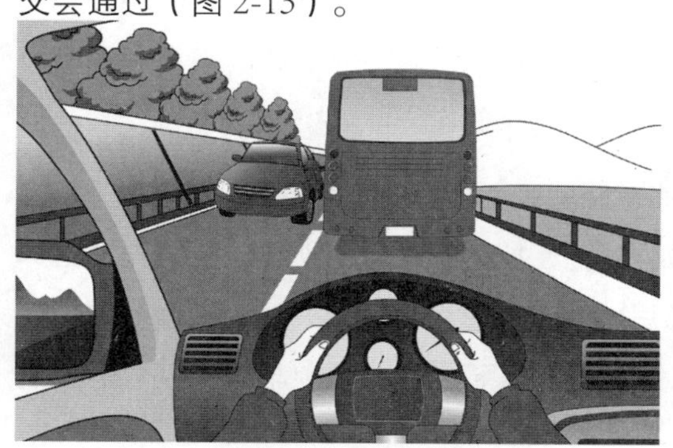

图 2-13　会车

会车时，必须注意保持足够的侧向安全间距，做到“礼让三先”——先慢、先让、先停，绝对不可抢行争路，互不相让。一般情况下的会车须遵守下列规则：空车让重车，单车让拖挂货车，大车让小车，货车让客车，教练车让其他车辆，普通车让执行任务的特种车，下坡车让上坡车。

（2）夜间会车技巧。新手应该尽量避免夜间驾驶。因为夜间的道路情况和视线限制会对新手的驾驶造成极大影响，如果因为事件紧急，不得不在夜间行车，请一定要注意下列事项：

夜间会车时应在距对面来车 150m 以外，将远光灯改用近光灯并降低车速，不准改用防雾灯。要选择路面宽阔、平坦的路段交会，两车在横向并线时即应打开远光灯。夜间会车一定要做到“礼让三先”，在遇到对方不改变远光灯时，应立即减速并使用断续明暗灯通知对方变光。如对方仍用远光灯行驶，应立即靠边停车让对方先行，切不可自己也用远光灯赌气行驶。

要特别注意，当遇对向来车未关闭远光灯时，应减速行驶，以预防两车灯光的交会点处可能会有行人通过。由于对向来车的灯光会造成炫目而看不清前方的汽车和行人，所以要求驾驶员应将视线右移并减速行驶。夜间由于行人稀少，驾驶员如果放松警惕，极易发生交通事故，甚至遭到犯罪分子的暴力抢劫。

（3）在有障碍物路段会车。会车时一定要保持良好的心态，尤其是对方开远光灯影响视线、在有障碍物路段会车时更应如此，不开“赌气车”。驾驶员需根据离障碍物的距离、速度及道路实际情况，决定是加速通过还是减速等待，以避免在有障碍物的狭窄处会车。

（4）在视线不清的情况下会车。驾驶员要提前减慢车速、开近光灯行驶，并加大两车交会时的横向间距，必要时应停车避让，以免发生追尾事故。

（5）在狭窄道路会车。城区行驶时难免会遇到在窄道上会车，许多新手往往会不知所措。实际上，有经验的驾驶员也都不愿意在窄道上会车。在较窄道路会车时，稍不注意就会剐蹭其他车辆，应掌握以下窄道会车的技巧：

①尽量避免进入必须窄道会车的境地。在遇到窄道前要观察清楚，如果发现对面有车辆驶来，就应早做避让准备，把自己的车辆靠边停放，等对面车辆通过后再通过。

②即使双方车辆都已进入窄道，也要尽力避免在窄道中会车。应有一方倒车，给对方让道。

③如果双方都无法后退，只能在窄道中会车，最好有人下车观察指挥。

第8节 正确停车

正确停车是安全行车的一个重要组成部分。在全国每年发生的交通事故中，因停车不当或停车措施不规范而造成的事故占有相当大的比例。因此，掌握正确的停车方法，在安全行车中显得尤为重要。

停车应选在道路宽阔、视线良好，不影响交通的地方（图 2-14）。停车的操作要领如下：

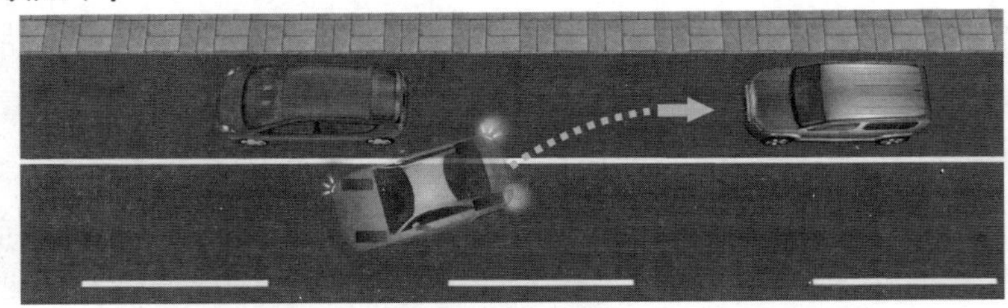

图 2-14　停车

步骤 1：观察前方及右侧车道的交通情况，松开加速踏板，打开右转向灯。

步骤 2：根据停车目标距离的远近，适当踏下制动踏板，当车速较慢时，踏下离合器踏板，使汽车平稳停下。

步骤 3：车辆停稳后，拉紧驻车制动器操纵杆，将变速杆移至空挡位置。

步骤 4：松开离合器踏板和制动踏板。

步骤 5：关闭转向灯，根据需要关闭点火开关，熄灭发动机。

特别注意：车未停稳不得拉紧驻车制动器操纵杆，不得用快抬离合器踏板的方法使汽车熄火。平稳停车的关键是要根据车速的快慢，正确地运用制动踏板。若停车距离较近，车速又较快时，制动踏板要踩得重一些，使车速能很快降低。汽车将要停住时，适当放松一下制动踏板，然后再稍加压力，增加制动力，平稳停车。

城市的工作区、商业区、居民区往往楼群林立，人、车来往频繁，在这些地方停车，要考虑到安全和畅通。从安全的角度出发，尽量不要把车停在距阳台、施工地点过近的地方，以免上方坠落的物体砸伤汽车；不要停在车辆经常出入的地点，不要与其他车靠得太近，以免车被剐蹭。从畅通的角度出发，停车地点的选择，既要考虑到自身的方便，又不要因为停车堵塞了其他车辆的出入。

在市区道路行驶中需要停车时，应该把车停在停车场或停车位。

1 进入平行式停车位

平行式停车位的长度有限，如果是采用前进入位的方法，还要经过多次侧方移位，操作稍有失误，就会与前后停车位内的车辆碰撞。因此，一般采用倒车入位的方法。

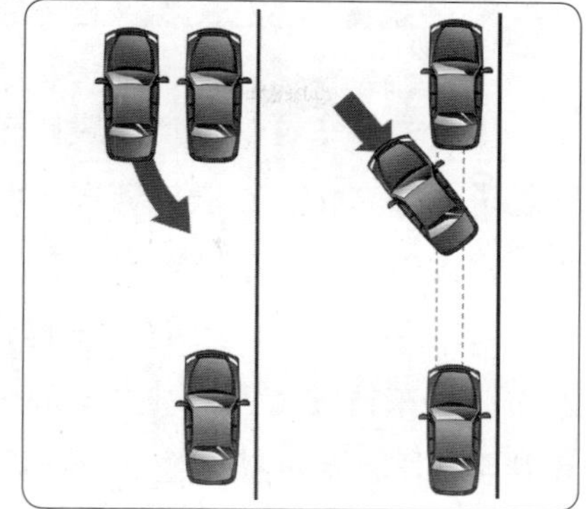

图 2-15 进入平行式停车位

如图 2-15 所示，让车辆与停车位边线平行，车身右侧与右方车辆相距 0.5 ~ 1m，倒车行驶，当右后视镜与右车前后车门之间的立柱对齐时，将转向盘向右转至极限。待车身转过 45°时，将转向盘向左转至极限，车身完全进入停车位时，回正转向盘并停车。

2 进入倾斜式停车位

如果倾斜式停车位的入口对应着车辆的行驶方向，且通道富裕，可以采用前进入位的方法。

前进入位的操作虽然简单，但是在车辆驶出停车位时不要过早打方向，以免车头与相邻停车位内的车辆剐蹭。

如果是在停车场内停车，当右侧停车位已经没有空位时，只好把车停在左侧的停车位。此时，停车位的入口与车辆行驶方向不对应，且停车场内的通道狭窄，就应采取倒车入位的方法。

如图 2-16 所示，贴近左侧路边向前行驶，当左后视镜与停车位左侧边线对齐时，将转向盘向右转至极限，待车身与停车位纵向边线平行时，回正转向盘并停车，然后直行倒车进入停车位。

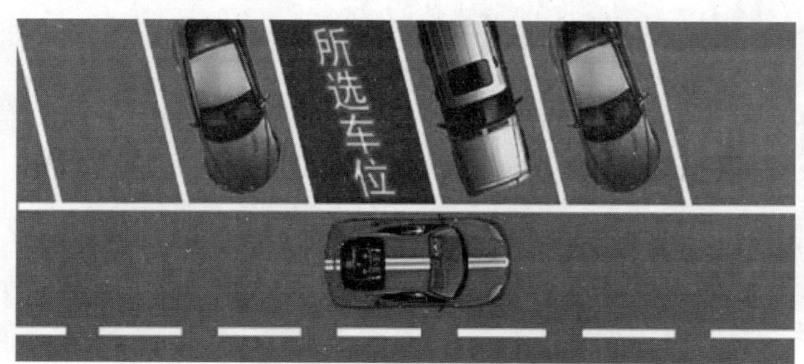

图 2-16 进入左侧倾斜式停车位

3 进入垂直式停车位

垂直式停车位的通道一般比较狭窄，前行进入停车位比较困难。即使可以前进进入停车位，在驶出停车位时，也容易与左右两侧停车位内的车辆剐蹭。因此，大多采用倒车入位的方法，这样在出停车位时，也更加方便快捷。

如图 2-17 所示，在进入垂直式停车位时，让车身右侧与右方车辆相距 1.5m 左右，倒车行驶，当驾驶员与隔一个停车位的纵向中心线对齐时，向右将转向盘转至极限，待车身转过 90°时回正转向盘，继续倒车，使整个车身进入停车位。

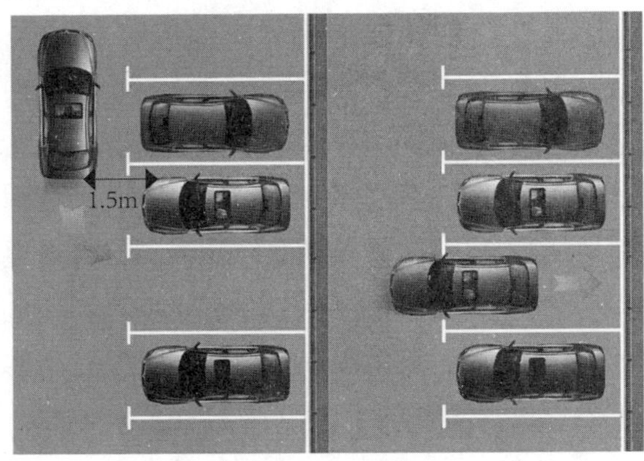

图 2-17 进入右侧垂直式停车位

停车场内的停车位划设有若干排，如果右侧的停车位已经占满，则只能把车停放在左侧的停车位。进入左侧垂直式停车位的要领与进入右侧垂直式停车位的要领大致相同，只是转动转向盘的方向有所不同。

4 进出停车位注意事项

要把车停在停车位的居中位置，对于新手有一定难度。因此，在进入停车位时，应该注意以下事项。

（1）驶近停车位之前要注意观察周围车辆的进出情况，选准空闲的车位。

（2）进、出停车位时车速一定要慢，倒车时要事先确认停车位内是否有障碍。

（3）进停车位时，就要考虑出停车位时是否方便。

（4）车辆曲线行驶时车头的横扫面积比较大，与停车位入口相接的通道一般较为狭窄，在前进入位困难的情况下，应采用倒车入位的方法。

（5）倒车时要小心谨慎，不要过于相信后视镜，从倒车镜中看到的反射景物与真实情况是有误差的。倒车时，要把注意力重点放在车的尾部，同时还要兼顾到车头和车身两侧。

（6）在平行式停车位停车时，应注意与前后车辆保持适当的距离，这样便于前后车辆进、出停车位。如果在停车位的停车位置靠前或靠后，在其他车辆进、出停车位时，容易发生碰撞或剐蹭事故。

（7）在倾斜式停车位和垂直式停车位停车时，左右方向要居中。如果停车太靠左，驾驶员下车困难，开车门时还有可能碰到左侧停放的车辆。停车太靠右，又会影响右侧车辆上下人。

（8）当汽车在停车位内偏左或偏右时，可以通过侧方移位的方法来平移。如果进入停车位的位置偏左了，需要向右平移。向右平移时，无论是前进还是倒车，转向盘的转动都要按照右、左、右的顺序操作。但是要注意，这只是适量调整车位，转向盘的转动不要过量，以防止与左、右两侧的车辆发生剐蹭。如果进入停车位的位置偏右了，需要向左平移。向左平移时，无论是前进还是倒车，转向盘的转动都要按照左、右、左的顺序操作，同时还要注意转向盘的转动不要过量。

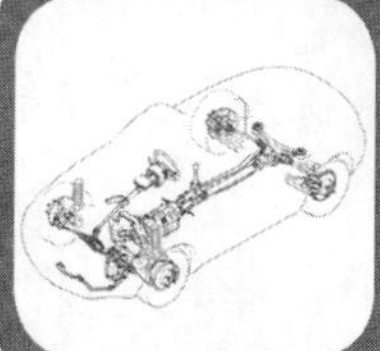

第9节 驻车的有效措施

1 驻车制动器的作用

（1）使汽车停驶后，可靠地停放在原地不动。

（2）在紧急情况下，配合行车制动增强制动效果。

（3）在坡道上，配合离合器踏板、加速踏板使用，便于汽车起步。

2 驻车制动器的操作方法

（1）拉紧驻车制动器操纵杆：四指并拢，大拇指需按在杆顶的按钮上将驻车制动器操纵杆向后（上）拉紧（图 2-18），否则会溜车，拉上驻车制动器操纵杆后警告灯亮，如图 2-19 所示。

（2）松开驻车制动器操纵杆：先将杆向后（上）拉，同时用拇指按下按钮，将杆向前（下）推到底，驻车制动器操纵杆松开，警告灯熄灭，如图 2-20 所示。

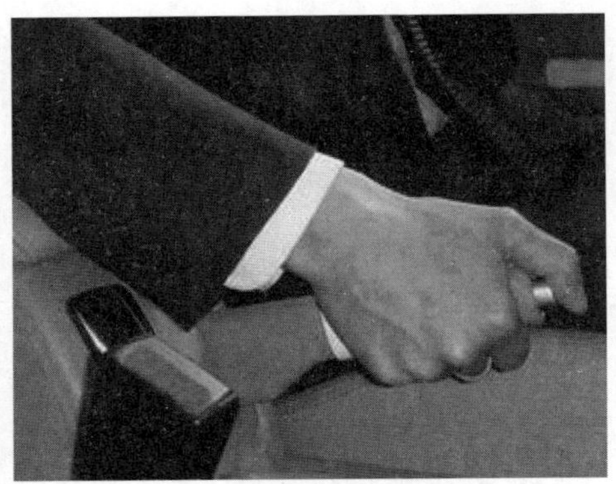

图 2-18　拉紧驻车制动器操纵杆

图 2-19　驻车制动警告灯亮

图 2-20　驻车制动警告灯熄灭

3 不同路况下的驻车措施

（1）在平坦的地点停车，只要把驻车制动器操纵杆拉起，就可获得驻车效果。

（2）在上坡道路段停车，要在拉紧驻车制动器操纵杆的同时，挂前进挡，以防车后溜。

（3）在下坡道路段停车，也要拉紧驻车制动器操纵杆，并挂上倒挡，以防车前溜。

（4）若坡道的坡度较大，应在采取以上措施的同时，还要在轮胎的前后“打点”。具体操作：找好两块垫木或石头，遇上坡道时，将其支在两后轮的后面；遇下坡道时，如是轿车，将其支在两前轮的前面；如是载物的货车，将其支在两后轮的前面。

第3章

特殊路段险情多，低速行驶保安全

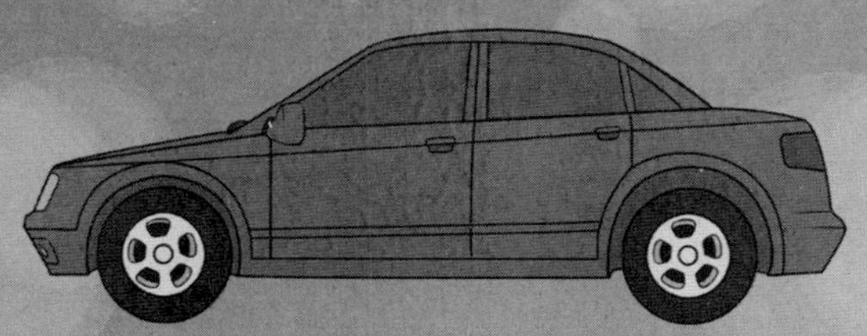

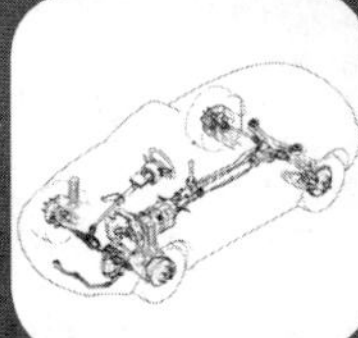

第1节

人车混行路段的行车

1 人车混行路段的特点

人车混行路段是指无中心隔离带，有机动车道、非机动车道、人行道的路段。其特点是：汽车车速较快，非机动车较多、速度较快；行人会横穿公路，汽车会随时停车，非机动车经常进入机动车道行驶（图3-1）。

图3-1　人车混行路况

2 人车混行路段行车应掌握的驾驶技巧

因情况复杂，应掌握对频繁停车、起步的操作和喇叭和灯光的使用技巧。培养判断车身与其他物体距离的能力，积累对突发情况的处理经验。

3 人车混行的注意事项和行车经验

（1）控制好车速，做好随时停车的准备。

（2）保持与前车的适当距离。

（3）注意非机动车道上的车辆和行人。

（4）在关注前方路况的同时，也要关注前方左右两侧的路况。

（5）做好随时停车、随时处理紧急情况的准备。

4 通过人车混行路段容易出现的问题

人车混行路段经常出现：非机动车和行人进入机动车道；机动车进入非机动车道；车辆掉头。如果驾驶员观察不周，准备不足，则易发生交通事故，而且多数是车与人的交通事故。特别是在夜间、雨天、雪天、大风等自然条件不好的时候，更易发生事故。

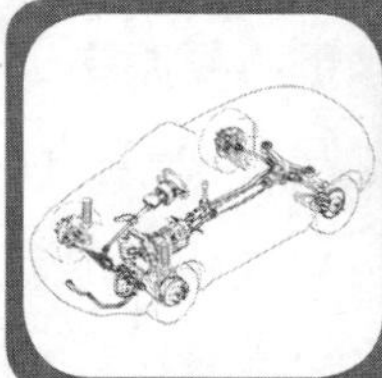

第2节 多车道道路的行车

1 多车道道路的特点

多车道道路使机动车和非机动车分开行驶（图3-2），在这种道路上行驶时不用过多关注非机动车和行人，但是车速较快，车辆变更车道的情况较多。

图3-2　多车道行车

2 多车道行车应掌握的驾驶技巧

驾驶员应培养与前车的距离感觉，判断车速的高低，通过后视镜观察情况，还应掌握变更车道的技巧，超车的技巧。

3 多车道行车的注意事项和行车经验

多车道行车没有行人和非机动车的干扰，路况相对简单，但是因为车速较快，也要注意以下方面。第一，保持与前车的距离（图 3-3），控制好车速，防止追尾事故的发生。第二，变更车道时，一定仔细认真观察，坚持“打转向灯，看后视镜，再并线”的操作顺序并线。第三，不能连续变更车道，这是因为在车身有一定角度时，通过后视镜是看不到后方车辆的。第四，尽量不要跟在大货车（图 3-4）、大客车等大型车的后面，因为大型车会遮挡驾驶员的视线，使其不易发现前方的情况。

图 3-3　保持与前车的距离

图 3-4　不要跟在大货车后面

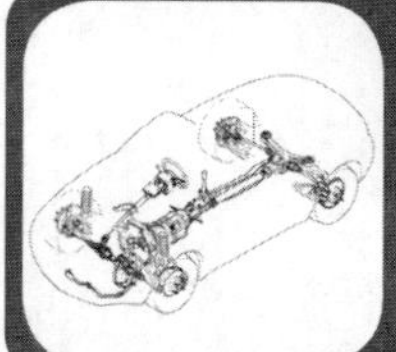

第3节 乡间道路的行车

1 乡间道路的特点

乡间道路路面窄，一般没有行车标线，路上除了有行人和自行车以外，还有农用车、畜力车、家畜、家禽等，此外摩托车也较多，还有路边玩耍的儿童、晾晒的谷物等（图3-5）。这种路况下，虽然行驶的机动车少，行人也不一定很多，但是路况复杂，突发情况较多。

图3-5 乡间道路路面晾晒的谷物

2 乡间道路行车应掌握的驾驶技巧

驾驶员应培养控制车速的能力，能及时发现突发情况并安全处理，同时要掌握近距离会车的技巧、避让车辆的技巧、紧急处理突发情况的技巧。

3 相近道路行车的注意事项和行车经验

（1）保持安全车速。

（2）多观察远方的路况。

（3）有随时处理突发情况的思想准备。

（4）遇见家畜、家禽一般不要鸣喇叭，以免惊吓家畜。

（5）遇见农用车要认真对待和处理，因为农用车一般灯光不全，车辆性能也差。

（6）遇见儿童路边玩耍，除了要鸣喇叭提示外，还要缓慢通过。

第4节 山区道路的行车

1 山区道路路况的特点

路面坡度较大，路面狭窄，一般没有标线，弯道较多，而且弯道死角较多，下山时车速较快，会有落石和山风，会车距离较近（图3-6）。

图3-6 山区道路路况

2 山区道路行车应掌握的驾驶技巧

（1）坡路起步。

（2）快速加减挡。

（3）利用发动机控制车速。

（4）近距离会车技巧。

（5）经常鸣喇叭或变换灯光。

3 山区道路行车的注意事项和行车经验

上山行车时因为车速的变化，挡位要随时变换。但是，变换挡位的速度要快，加速踏板和离合器踏板的配合要恰当。这时会出现好多停车起步的情况，就需要驾驶员掌握坡路起步的技巧。在这里要特别强调，不管起步时车辆能否起动，要保证绝对不能向后溜车。转弯时经常鸣喇叭或变换灯光，提醒对面的来车注意。一般不要侵占对方的车道。手动变速器汽车把挡位放到低速挡，自动变速器汽车把挡位放到限速挡。禁止长时间地踩制动踏板，绝对禁止空挡滑行。下山车辆要让行上山车辆。转弯时要经常使用鸣喇叭或变换灯光操作，提醒对方来车注意。

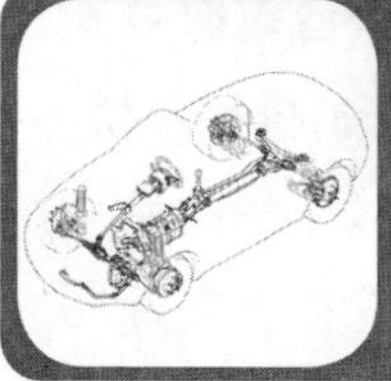

第5节 通过桥梁时的行车

公路上的桥梁各种各样，结构材料不尽相同，承载能力也各不一样。常见的桥梁主要有水泥桥、拱形桥、木桥、浮桥、吊桥和便桥等（图3-7）。

图3-7 通过桥梁时的行车

1 通过桥梁驾驶技巧

（1）通过水泥桥。水泥桥材料质量要求高，建筑结构牢固，桥面平整，跨度大，承载能力大。通过水泥桥时（图 3-8），桥面如为双车道以上，路面平整，可按一般驾驶要领通过。如桥面狭窄，应看清前方是否有来车。若桥面会车有困难，不可冒险会车，应提早主动在桥头宽阔地段停车等候，不要抢行。

（2）通过拱形桥。拱形桥多用石料筑砌，桥面宽幅不一，拱形度大，视线受阻，不宜观察对面情况。通过拱形桥时（图 3-9），往往无法看清对方车和行驶路线，因而车辆应多鸣喇叭，靠右减速行驶，并随时注意对方来车和行人情况。车行至桥顶，要放松加速踏板，减速下行，同时注意观察桥下情况，随时做好制动准备。

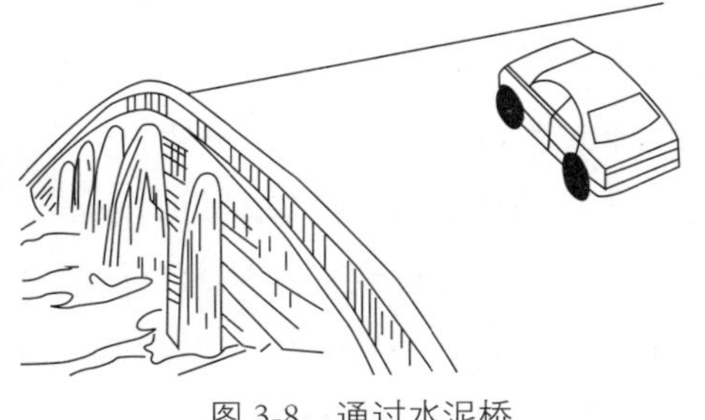
图 3-8　通过水泥桥

图 3-9　通过拱形桥

（3）通过便桥、木桥、吊桥和浮桥。木桥材料牢固性差且容易腐烂，承载能力小，车辆行驶困难；浮桥、吊桥（图 3-10）承载负荷低，安全性差，难以通行；便桥路窄，汽车通过时危险性大。通过便桥、木桥、吊桥和浮桥时，须先停车查看，在确认无危险后利用低挡平稳驶过。不要在桥上变速和制动，车上的乘员最好下车步行过桥。

图 3-10　通过吊桥

2 通过桥梁驾驶经验

（1）注意观察桥头的交通标志。车辆在行驶中发现有桥梁指示标志（图 3-11）时，要减速慢行，做好过桥准备。桥头若有限重、限高的限制标志，一定要按规定过桥。超重超高的车辆必须采取措施，使其符合过桥标准后再过桥。

图 3-11　桥梁标志

（2）注意桥梁两端道路宽度变化。桥梁是公路上车辆事故的多发地段。车辆之所以容易在桥梁处发生事故，主要原因是桥梁改变了道路的宽度，往往是与桥梁两端衔接的道路较宽，而桥梁上的道路较窄，汽车通过桥梁时，驾驶员难以适应条件的变化，导致撞桥翻车、坠桥等事故。

（3）注意桥梁路面情况。汽车通过拱形桥梁时，如桥面上有稀泥或冰雪，应对桥面情况进行勘察，采取下列措施通过：一是在车轮上采取防滑措施；二是在桥面铺垫防滑物品；三是清除稀泥或冰雪后再通过。

3 通过桥梁禁忌

（1）忌高速行驶。通过狭窄桥时不可高速行驶，若车速偏高，一旦对向有来车，势必造成在桥边紧急避让。若为了减速而踩制动踏板，一旦发生侧滑，就有可能碰撞栏杆。如桥面湿滑，汽车高速通过，则危险更大。所以要求驾驶员利用中速和预先减速滑行驶进桥面，在桥头尽量避免利用紧急制动，严禁高速过桥。

（2）忌思想麻痹。汽车通过桥梁时，要密切注意道路的宽度和高度变化，尤其是通过较窄的拱形桥时，一定要减速慢行，不能在桥面上超车或掉头。

（3）忌冒险通过。遇路面不平、狭窄、视线不清的桥梁，须减速慢行，注意观察，随时做好避让和停车准备。通过木桥、浮桥、吊桥和便桥时，事前应注意观察桥梁牢固程度，条件许可再以低速挡慢速平稳通过，避免途中变速、制动和停车，造成对桥梁的冲击，发生危险。

第6节 连续转弯的行车

在连续转弯的道路上行车时（图3-12），因为频繁转弯，车速不能太快，由于离心力的作用，如果操作不当，可能会发生车辆翻滚的事故。因此，禁止超车，

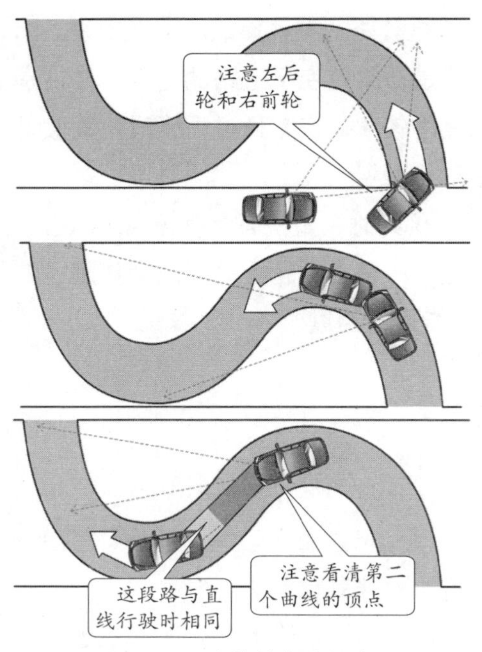

图 3-12　连续转弯的行车

夜间多使用远光灯。

连续弯道是由两个以上弯道组成的弯道，通过连续弯时，即使是明弯，没有什么特殊情况，也应走小弯，取直线行驶。若遇到明暗结合弯，暗弯处一定要做到减速，鸣喇叭，靠右行，随时准备停车，明弯处应行小弯。

在通过连续弯道时，重点是保证通过最后一个弯道，以便在最后的弯道出口处快速驶离弯道。首先降低车速，驶入第一个弯道的进口，在每个弯道上，都按着先外侧后内侧再外侧的方法行驶，其间可以稍微踩下加速踏板，在通过最后一个弯道时，一旦看到弯道的出口就可以修正方向，充分地加速，直线驶离弯道。

第 7 节 砂石路面的行车

近年来，我国的道路状况得到了很大改观，但是，由于各地发展不平衡，在许多乡间路段上仍有用碎石子、碎煤渣铺设的公路（图 3-13）。习惯在混凝土路面或沥青路面行车的驾驶员，在这些路段上经常出现事故，这大多是由于对这种路面特性不甚了解造成的。

图 3-13　砂石路面

砂石之间摩擦力很小，就像在弹子盘里的钢珠。汽车在砂石路面行驶，遇到制动尤其遇到意外情况紧急制动时，虽然眼看着车轮已经制动住了，可汽车还在继续滑动，有时还会斜向滑行，根本无法控制，非常危险。这是因为制动片与制动毂的摩擦虽然把车轮咬合制动住了，但车轮与砂石间因摩擦力过小无法停止，致使汽车在砂石路面滑动。

砂石路面不仅会制动不灵，转弯也很危险。汽车在转弯时会产生离心力，车速越高离心力越大。如果离心力比较大，而车轮与砂石间的摩擦力相对较小，则转弯时汽车必然向道路外侧滑动，造成事故。还有当猛踩加速踏板，汽车加速前进时，由于车轮作用力大，在砂石上又得不到相应的作用力，可能造成打滑。

为此，在砂石路面上行车，一定要注意慢行，集中精力，谨慎驾驶，尽量在公路中央行驶。缓慢踩加速踏板，平稳加速，遇到会车、转弯和需要制动时，更要注意进一步降低车速，多使用点踩制动踏板。特别需要注意的是，汽车转弯时必须降低车速才能安全转弯。为了判断弯曲度的大小，可以用自己身体倾斜度大小来衡量，只要自己的身体坐得稳，就表示车体重心同样比较稳，能够放心转弯，反之，则要加倍小心，进一步降低转速，慢慢转弯。此外，路面上的砂石可能会溅起打到行人或其他车辆，行车时也要和前车拉开距离，防止前方车辆带起的砂石打到自己的车辆和玻璃。

第8节 施工路段的行车

施工路段的行车如图 3-14 所示。

1 施工路段的特点

图 3-14　施工路段的行车

施工路段的路面不平整，障碍物较多，行车路线不规则，没有道路标志标线，视线不良。

2 施工路段行车容易出现的问题

（1）托底事故。

（2）爆胎事故。

（3）追尾、剐蹭事故。

（4）误入禁行路面。

3 施工路段行车经验和注意事项

（1）车速要慢，因为路面不平整并有障碍物。

（2）和前车拉开距离，以能看到路面为准，以便及时发现路面的情况。

（3）注意看导向箭头和导向标志。因为施工路面走向经常在变化，只有允许通过的路面才是相对安全的。

（4）尽量不要跟在大型车的后面。因为大型车会遮挡驾驶员的视线使其判断失误，有些路面大型车是可以通过的，而小型车因为底盘低也许不能通过。

（5）尽量不要并线或超车。因为路面没有标志标线，车辆的行驶路线是杂乱没有规律的。

第 9 节 通过隧道的行车

1 通过隧道的不安全因素

山区道路利用开凿的隧道相连，隧道两侧的墙壁严格限制了车辆的运行空间，进入隧道内的车辆驾驶员会突然感到道路狭窄，这将给新手驾车带来一定的心理压力。

隧道内外的亮度落差，还会给人的视觉带来“黑洞效应”和“白洞效应”。

如图 3-15 所示，当车辆驶入隧道时，驾驶员由光线充足的露天道路进入暗淡的隧道内，眼睛对这种明暗的适应，需要 8 ~ 10s 的调节，这种现象被称为“黑洞效应”。在车辆处于动态行驶中，这短暂的视觉障碍，就有可能引发交通事故。尤其是在晴朗的天气下，隧道内外的明暗反差更大，一些缺少经验的驾驶员，在驾车进入隧道时，会突然感到视线模糊，立刻开启汽车前照灯，然而仍看不清隧道内的路面情况，急忙踩下制动踏板，强制减速，致使车辆在隧道内追尾相撞。还有些驾驶员在手忙脚乱之中，失去了方向控制，与对面来的车或隧道内的墙壁相撞。

图 3-15　车辆驶入隧道

如图 3-16 所示，当车辆驶出隧道时，驾驶员由暗处到达亮处，眼睛已经适应了暗环境，在驶出隧道口时，隧道外高亮度的景物会在驾驶员眼中形成明亮的“白洞”，这种现象被称为“白洞效应”。如果在“白洞”范围内迎面有大型车辆行驶，驾驶员将难以辨认清车辆后方的小型车辆。

图 3-16　车辆驶出隧道

由于以上种种原因，致使车辆在通过隧道时，容易发生连环追尾、转向失控、迎面碰撞、侧面剐蹭等交通事故。

2 通过隧道的安全注意事项

图 3-17　隧道的交通标志

（1）进入隧道前应适当降低车速。如图 3-17 所示，隧道入口处有限速标志的，一定要按照交通标志规定的车速行驶。对于大型车辆来讲，还要注意交通标志对隧道的限高、限宽规定。属于交替通行的隧道，洞口处还设有交通信号灯，车辆要在绿灯亮时才能进入隧道。

（2）进入隧道前应开启示廓灯和近光灯，必要时可鸣喇叭。如果是雨天行车，要注意隧道内是否有积水，必要时可下车观察路面情况。

（3）在车辆刚刚驶入隧道时，由于存在着“黑洞效应”，此时一定要降低车速，待眼睛适应隧道内的暗环境之后，才可以适当提速。

（4）进入隧道后要谨慎驾驶，不可在隧道内紧急制动、急打转向盘、超车、倒车、掉头、停车。如果车辆在隧道内发生故障必须停车时，应该尽快开启危险报警闪光灯，然后再设法将车辆转移到隧道外。

（5）在较长的隧道内行驶，当听到前方有碰撞声时，要立刻开启危险报警闪光灯，并随即降低车速，以避免在隧道内发生连环撞击的交通事故。

（6）在临近隧道口时，要适当降低车速，握稳转向盘，以便应对“白洞效应”，并提防隧道出口处的横向风造成的车辆跑偏。

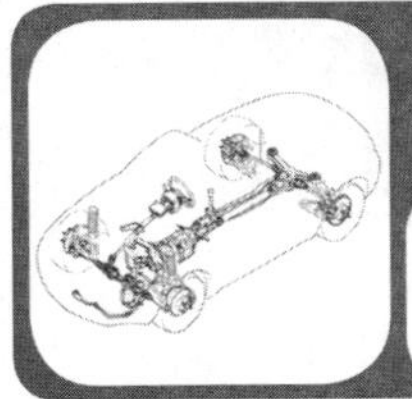

第 10 节 通过铁路道口的行车

（1）车辆通过铁路道口，必须遵守铁路道口管理规定，车速不得超过 20km/h，服从道口管理人员的指挥。

（2）通过有人看守的道口时，应注视信号指示灯和道口栏杆（栏门）。两个红灯交替闪烁或者一个红灯亮、栏杆放平或栏门关闭时，表示禁止车辆、行人通行，此时车辆应依次停在停车线以外等待，如图 3-18 所示；当红灯熄灭，栏杆（栏门）开放时，表示允许车辆、行人通行。

图 3-18　车辆停在停车线以外

（3）通过无人看守的铁路道口时，必须遵循“一停、二看、三通过”的原则，确认安全后才能通过。如果路口两边有物体挡住视线，看不清两边有无火车驶近时，则应下车察看，不得贸然通过，更不准与火车抢行。

（4）在铁路道口等待放行的车辆应按先后顺序依次排放，不可超越前方已停车等待的车辆，更不能占用逆行车道，以防道口放行时造成交通堵塞。放行时不要争道抢行，还要特别注意其他车辆、行人的交通情况。

（5）汽车穿越铁路道口时，应立即通过，不得在火车行驶区域内换挡、制动、停车或空挡滑行。遇道口内的路面凹凸不平时，要注意防止车辆跑偏和侧滑，两手应紧握转向盘，把握好行驶方向，保持直线行驶。

（6）如果汽车一旦在铁路上熄火，必须立即设法把车移离铁路。在火车即将来临的紧急情况下，可将变速挡挂入 1 挡或倒挡，抬起离合器，用起动机直接将车驶离铁路。如实在无法移动车辆，要迎着火车驶来的方向晃动红色衣物等，以告知火车驾驶员紧急制动，避免发生重大事故。

第 11 节 遇到特殊车辆的行车

1 与摩托车处于同一路段的驾驶技巧

与摩托车处于同一路段行车如图 3-19 所示。

图 3-19　与摩托车处于同一路段行车

1 摩托车的交通特征

（1）从车辆性能分析，摩托车的机动性较强，但稳定性较差。

（2）从摩托车的分布情况分析，城市周边的乡村摩托车拥有量较多。

（3）从驾驶员的整体素质分析，许多摩托车驾驶员没有受过专门训练，普遍缺乏交通知识，其安全意识较低。

（4）从驾驶员的年龄结构分析，摩托车驾驶员年轻人占了多数，行驶速度快，冒失行为多。常见的冒失行为有：从公路一侧突然驶向公路的另一侧；突然从小路或小巷驶向路中；从路侧停放的大型车辆前方或后方突然驶出；行驶中突然转弯或突然掉头等。

2 针对摩托车的驾驶技巧及防范性措施

（1）汽车驾驶员一旦发现同向或相向行驶有摩托车，就应高度重视，首先应迅速抬起加速踏板，在让车辆自动减速的同时，将右脚置于制动踏板，做好制动应急准备，并鸣喇叭提示，以引起摩托车注意。

（2）超越摩托车或与其相会时，要有意拉大与摩托车之间的横向间距，在会车的瞬间，要有防范意识和应急准备，应密切注意摩托车的行驶状态，发现其偏向和摇摆时，应立即减速避让。

（3）通过通往乡村的路口或街道小巷时，无论有无摩托车出现，都要提前鸣喇叭，以提防有摩托车突然从盲区驶出。

（4）路遇摩托车争速、抢道时，应主动避让，以防其突然摔倒，发生交通事故。

（5）载人载物的摩托车，其稳定性较差，通过时要格外小心。

（6）避让摩托车时，一定要坚持“遵右行驶”的原则，要从摩托车的车后绕行。

2 与农用车、三轮车处于同一路段的驾驶技巧

与农用车、三轮车发生撞车事故如图 3-20 所示。

图 3-20 与农用车、三轮车发生撞车事故

1 农用车、三轮车的交通特征

（1）这两类车辆的驾驶员，很多都没有经过正规训练，驾驶随意性大，经常突然起步、突然停车、突然转向。

（2）这两类车辆中，安全设施不全、没有喇叭、没有转向灯、没有后视镜的车辆占多数。

（3）超载严重，有时会因爆胎、断轴、断梁侧翻路下或路中，从而殃及过往车辆。

（4）这两类车辆，在城乡接合部、公路通向乡村的路口出没频繁，且行驶速度快，横穿公路现象较多。

2 针对农用车、三轮车的驾驶技巧及防范性措施

（1）发现前方道路有农用车、三轮车行驶时，要提前放慢车速，跟行一段路程，注意观察其行驶状态，确认其行驶状态稳定时，再选择比较宽阔的路段进行超越。超越时要给足信号，并有意拉大两车之间的横向间距。

（2）跟行农用车和三轮车时，纵向间距不宜过近，以防其突然制动停车时而躲避不及。

（3）与农用车和三轮车会车时，如这些车辆挤占了自驾车车道，自驾车应主动减速，靠右行驶；情况紧迫时，应主动停车，等待其通过后，再起步行车。

3 与超宽车、超长车处于同一路段的驾驶技巧

与超宽车、超长车处于同一路段行车如图 3-21 所示。

图 3-21　与超宽车、超长车处于同一路段行车

1 超宽车、超长车的交通特征

（1）超宽车行驶速度较慢，但占用路面较宽，在许多路段需要借道行驶。

（2）超长车通过弯道时，必须借占对方车车道。路越窄，占用对方车道就越多。

2 针对超宽车、超长车的驾驶技巧与防范性措施

（1）与超宽车相会时，必须根据超宽车的占道情况来确定自车的行进方向。如超宽车占道严重，自驾车应主动将车停靠路右，让超宽车先行通过。

（2）与超长车在弯道相会，自驾车车道又被全部或部分占用时，应立即制动停车。如果停车后，超长车仍然难以通过弯道，自驾车应主动倒车，让其转弯后再行。

（3）超越超宽车、超长车时，一定要有耐心，可以缓行或跟驶一段路程，选择比较开阔的路段，且距对面来车保持足够的安全距离时，再行超越。

（4）超越时，要给足被超车信号，待其做出让超表示后，才可迅速加速超越。

（5）夜间行车如发现有示廓灯闪亮，应立即减速慢行，发现占用自驾车路面时，应迅速停车，并关闭远光灯，开启示廓灯，必要时，下车指挥通过。

4 与新手驾驶车辆处于同一路段的驾驶技巧

1 新手所驾车辆的交通特征

（1）因驾驶员缺乏预见性，处理危急情况很少有提前量，因此不会用加速踏板控制速度，车辆的平稳性差（图 3-22）；使用制动频繁，但制动力不是过大，就是过小；处理危急情况的时机把握欠妥，经常出现该超车时不超、该让车时不让、该加速时加不起来、该减速时又减不下去的情况。

图 3-22 新手驾驶车辆

（2）经常采取跟行来回避交通矛盾，或是跟在一辆缓行的载货汽车后，或是跟在一辆慢行的低性能车后，反应迟缓，行走呆板。

（3）停车随意，选择停车点不当，经常将车停在不该停的地方，有时车停在危险地方都毫无察觉。例如停车位置太靠路中；将车停在交叉路口或弯道的

盲区；停车地点不平，有较大的坡度；停车地点行人、车辆出没频繁；车停在比较狭窄的路段，造成交通堵塞等。

（4）车辆行驶路线选择不当，不是太靠路中，就是太靠路边。太靠路中时，经常让超不及时，车后跟行了很多车辆，在跟车驾驶员鸣喇叭示意超车后，仍然没有让超表示；太靠路边时，又常常挤占非机动车和行人路面，使他们慌张不安。

（5）左转弯操作方法欠佳，左转时不作提前预示，例如不提前开启左转向灯；不提前将车变更进左侧车道；不会用变速的方法找准左转的公路空隙等。往往突然左转，将同向和对向驶来的车辆拦腰切断，形成交通堵塞。

2 路遇新手所驾车辆的驾驶技巧及防范性措施

（1）发现新手所驾车辆，首先应给予体谅与关照，特别是在对自驾车行驶造成不便时，千万不要以强凌弱，应放宽心态，冷静面对，多作避让，迅速驶离。

（2）不要跟行新手所驾车辆，更不要紧跟其后猛鸣喇叭，提防新手在慌张时制动过急，发生追尾事故。

（3）超越新手驾驶的车辆时，要选择宽阔路面，认准时机，有意拉大两车之间的横向间距，提高速度，迅速超越。

（4）新手所驾车辆随意停车时，要及时作出避让，无须与其计较。

（5）如果新手所驾车辆左转时对自己造成拦截，应迅速制动停车，耐心等待，万万不可再绕行到新手车前，作“拦截式”通过。

5 与教练车处于同一路段的驾驶技巧

图 3-23　教练车行车

1 教练车的交通特征表现

（1）教练车上路，一般都列队而行，其行驶速度较为缓慢。

（2）上路行驶的教练车，一般都由学员驾驶，行驶路线多靠向路中（图 3-23）。

（3）教练车路途停车较多，停车时占用路面较宽，停车后学员交换位置时，车辆周围人员出没频繁。

（4）车队速度稍快时，经常有掉队的教练车，掉队教练车赶路时，车速较快，其稳定性和安全性都比较差。

2 路遇教练车的驾驶技巧及防范性措施

（1）超越教练车车队时，应选择直行距离较长、路面较宽的路段，超越时的车速不宜太快，应做好分段、分批超越的思想准备。超越车队时若发现对向来车，应迅速放慢车速，并打开右转向灯，做好临时插入车队的准备。插入车队时，向右转动转向盘不要过于急促，应取“渐入”的方式，尽量保持车辆的直行状态，避免对跟驶的教练车形成威胁。待来车通过后，再打开左转向灯，驶出车队队列，继续超越。

（2）教练车停驶时，要注意车与车之间是否有学员跑向路中，或跑向公路另一侧去寻找厕所。通过停驶的教练车队时，要特别小心，应放慢车速，多鸣喇叭。学员有冒失行为时，应迅速停车，做出避让。

（3）超越单行的教练车要多注意，超越时多鸣喇叭提醒，要等待其减速、靠边，作出避让和让超表示后才可超越。超越时，应拉大两车之间的横向间距。超越后，驶离被超车有足够的安全距离后，再缓缓驶回到正常车道。

6 与执行紧急任务车处于同一路段的驾驶技巧

与执行紧急任务车处于同一路段行车如图 3-24 所示。

图 3-24　与执行紧急任务车处于同一路段行车

1 执行紧急任务车的交通特征

（1）执行紧急任务的车辆包括警车、消防车、救护车以及工程救险车等。

（2）按照规定，这些车辆喷涂有标志图案，安装着报警器和标志灯具。

（3）执行任务时，才允许这些车辆拉响报警器，开启标志灯具。

（4）按照规定，这些车辆在执行紧急任务时，在确保安全的前提下，不受路线、行驶方向、行驶速度和信号灯的限制。

2 路遇执行紧急任务车辆的驾驶技巧及注意事项

（1）《中华人民共和国道路交通安全法》第四十三条明确规定，前车为执行紧急任务的警车、消防车、救护车、工程救险车的，同车道行驶的机动车，不得超车。

（2）《中华人民共和国道路交通安全法》第五十三条还规定，警车、消防车、救护车、工程救险车执行紧急任务时，其他车辆或行人应当让行。

（3）路遇执行紧急任务的车辆，如与自驾车交会，应提前缓行于公路右侧；如果要超越自驾车，则应迅速减速，靠右行驶，并作出让超表示。无论是会车还是被超车，都要积极主动地为执行紧急任务的车辆提供交通方便。

（4）在交叉路口，绿灯开启，自驾车可以通行，当遇横向驶来的执行紧急任务的车辆时，自驾车仍要立即停驶，等待执行紧急任务的车辆通过后，才可重新起步。

（5）发现车后警笛鸣响、标志灯闪亮时，应立即打消驶向路左道口的意图，并靠路右停车避让，等待执行紧急任务的车辆通过后，再起步左转。

7 与装载有安全隐患的车辆处于同一路段的驾驶技巧

与装载有安全隐患的车辆处于同一路段行车如图 3-25 所示。

1 装载有安全隐患的车辆的交通特征

（1）加高车厢挡板，装载物高出挡板许多。

（2）袋装或箱装物资，码堆较高，捆绑不牢，经颠簸出现较大倾斜。

（3）装载物资配重失衡，较沉重一侧的轮胎压扁，钢板压直，整个车身偏向较沉重一侧。

（4）严重超载车辆经常在上坡道上抛锚，在路基松软、存在较大坎坷的路段，发生侧翻事故。

图 3-25　与装载有安全隐患的车辆处于同一路段行车

（5）运输石料的农用车、三轮车装载过高，且不作捆绑，遇到颠簸时易发生坍塌。

（6）运输焦煤、矿石的车辆，装载过满，车厢不用帆布遮挡，车速稍快，煤块与矿石块抛撒在路面。

（7）装载有安全隐患的车辆，一般都寻找道路中央以及比较平坦的路面行驶，会车、被超时，不愿改变行驶路线，很少做出避让等。

2 路遇装载有安全隐患的车辆的驾驶技巧及防范性措施

（1）与装载有安全隐患的车辆会车时，不能寄希望于这些车辆会避让行驶，因为此类车越是靠近路边，车身的偏倾度也就越大，其危险性也就越大。因此，会车时拉大横向间距，只能靠自驾车来完成。

（2）不要冒险超越装载有安全隐患的车辆，特别是在窄路、路面倾斜的弯道处、砂石路面以及存在较大坎坷的路段，应尽量避免超车。

（3）装载有安全隐患的车辆在前方停驶后，自驾车应迅速放慢车速，加强观察，视道路交通情况分析判断，确认没有危险时再行通过。

（4）在道路平坦、宽阔的路段超越这类车辆时，超越时的横向间距应尽量拉大，超越的时间应尽量缩短。

（5）路遇大风天气，超车处于这类车辆的下风口时，超车时机的把握十分重要，为避免遭受伤害，应尽量在风速较小时超车；会车时，如路面条件允许，可以快速通过。

8 与抛锚车处于同一路段的驾驶技巧及注意事项

车辆在混合交通路况下抛锚（图 3-26），无论车辆在道路中间停驶还是勉强移至道路右侧，只要实施维修就需要一定的时间，而交警与交通管理部门又不能将其及时移走，这样就会因一车抛锚造成长时间交通堵塞，驾驶员遇此情况务必正确驾驶，并注意做好以下几点：

图 3-26　车辆抛锚

（1）抛锚车辆如是处于道路中间，其他车辆从其两侧可以勉强通过时，应提前减速，选择较为便利的一侧通过。如果通过的路面有较大的坑洼，应在铺垫后再行通过，以防车辆偏倾发生剐蹭。

（2）抛锚车辆如果已经移至道路右侧，占据了自驾车的行驶路面，在通过时又遇对向来车时，应迅速停车，等待对向来车先行通过后，自驾车再行通过；如果对向来车的队列较长，应依次排队耐心等待，后来的车辆不得抢占对向车道，或强行插入队列。

（3）抛锚车辆实施维修时，无疑又加大了抛锚车的占路面积。通过时应顾及维修人员的动态情况，应持蠕行的方法，尽量拉大横向间距，并鸣喇叭作间歇性提示，以防维修人员从车前或车后突然冲出。

（4）如果抛锚车辆停放在对向车道，且对向来车正在列队绕行时，自驾车应在距抛锚车 50m 左右的距离（使对向来车顺利绕行的距离）主动停车，等待对面排队的车辆全部通过后，自驾车再行通过。切不可与来车抢占通道，否则会造成交通堵塞，双方都不得通过。

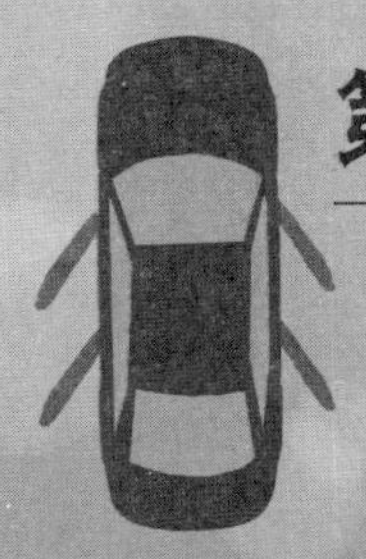

第4章 特殊条件危险大，控制慢行巧应对

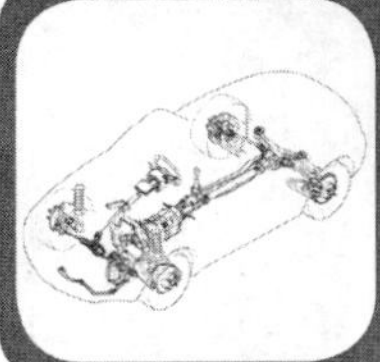

第1节

大风天行车技巧

大风天行车如图4-1所示。

春季，我国北方地区大风天较多，遇大风时，驾驶员应根据风向、装载、道路等情况，认真做好以下几点：

图4-1　大风天行车

（1）检查装载情况。路遇大风，应将车停在避风的地方，认真检查装载物品是否牢固，以防散落伤及来往的车辆和行人；运输体积较大、质量较轻的物品时，要重新捆绑、紧定；装载较高时，应避开风头后再行驶，以免遇横风将车吹翻。

（2）遇顺风时要减速行驶。受风力作用，同样条件下顺风车行驶速度比平时更快，制动距离也会因此延长，特别是在跟行的情况下，要注意拉大与前车的距离。

（3）逆风行驶时要深踩加速踏板。因受风力增加的阻力影响，在加速踏板同样位置下，车会有动力不足的感觉。特别在上坡路段，感觉更加明显，为抵消风力作用，踩加速踏板时就要适量加深。

（4）遇横风时要控稳转向盘，慢速行进。在横风中行驶，车身被阵风冲击，在不停地左右晃动，转向盘也向风头偏转着一个角度，两个前轮被阵风吹得不停地摇摆，行驶方向每时每刻都在不停调整之中。此时对转向盘的掌控，既不能握得太死，也不能任其摆动，应当“刚中有柔，柔中带刚”。行驶速度以中速为宜，车速越快，对方向的掌握就更吃力。

（5）遇转弯时要及时调整驾驶。汽车不可能朝一个方向行驶，遇到转弯改变行进方向时，车身迎风的方向也在改变，在风力的不同影响下，操作方法也应随之调整。

（6）注意后方来车。风天驾驶，驾驶员一般都关闭了车窗，加上受风声影响，对车后超车的鸣喇叭声很难听见，这就需要每隔一段时间用后视镜观察一番后车，如有来车，及时避让。

（7）遇自行车或行人早减速、多鸣喇叭。自行车在大风天行走，左右摇摆的幅度很大，遇强风时，经常有骑车人控制不住自行车的行驶方向。因此，发现前方自行车行走不稳时，要早减速、多鸣喇叭，做好预防意外的准备。风天会严重影响行人的视线和听力，路上经常有人为避风抱头奔跑，有人被风沙侵入眼中站在路中揉眼，路遇这些情况时，一定要提前减速，多用喇叭提醒，谨慎避让才是。

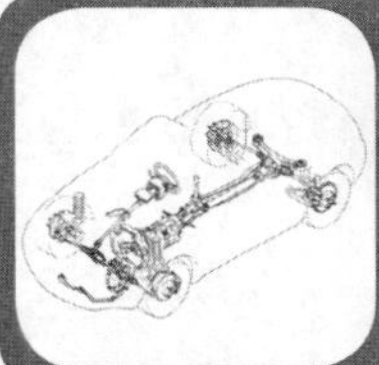

第2节 雨天行车技巧

雨天行车（图4-2）会给驾驶带来诸多不便，雨帘会遮挡驾驶员视线，雨声会影响驾驶员听力，路面上的雨水、泥泞会使车辆附着力下降，制动距离延长，转弯时车速稍快或制动稍急，就会出现侧滑，路基疏松时还会出现路面塌陷等。对于这些情况，驾驶员应做到以下几点：

图4-2　雨天行车

（1）慢速行驶。中雨时，车速应以控制在40km/h为宜；小雨时，可适当提高车速；如遇大雨，以20 km/h的速度行驶即可。遇到暴雨，落到风窗玻璃的雨水来不及刮去会严重影响视线，驾驶员应立即选择宽阔路面停驶，并开启示廓灯、危险报警闪光灯，以提示前后来车注意。

（2）转弯时预防侧滑。雨天转弯驾驶员要提前抬起加速踏板，利用车辆惯性缓慢通过，争取做到中途不加速、不制动。遇有急转弯时，要提前鸣喇叭，沿着自己的行驶路线行驶。

（3）雨天尽量不超车。雨天超车的条件比平时要严，只能在视线清晰、路面宽阔、平坦无积水的条件下进行；否则，以跟行为宜。

（4）会车时拉大横向间距。雨天会车，对向来车往往因躲避积水而突然改变行驶路线，将车驶向路中，甚至占用自驾车车道。鉴于这种情况，每遇会车，驾驶员就要提前用踩加速踏板控制的方法，将车位调整到较为宽阔的路段进行交会。交会时的横向距离应尽量拉大，防止溅起的水花泼向对方，或防止因制动侧滑发生剐蹭事故。

（5）遇有积水路面时的驾驶技巧。驾驶员应沿着前车压下的轮迹通过，无轮迹可依时，应停车观察，选择积水较浅处通过。通过后要及时检查制动效果，如果制动距离延长，证明制动器内进水，应采用踩制动踏板的方法让制动器升温，使制动力恢复。

（6）遇洪水时的驾驶技巧。在山区的谷地行车，遇洪水沿路面冲下时，应迅速将车开上附近的小丘、山梁进行躲避，待洪水过后再行。

（7）在沿河堤的路上行驶，应尽量靠近公路里侧行驶。超车、会车要更加小心，不要太靠近河堤边缘，以防因河堤土方疏松而发生塌陷。

（8）路遇行人或自行车，应提前放慢速度，并鸣喇叭提示，尽量给他们留出便于行走的路面。遇到行人或自行车横穿公路的情况时，切不要与他们抢道。交会时，应防止甩出的浊水溅到他们身上。

（9）雨路行驶要慎用制动。因水膜现象容易使车辆制动时打滑，需要减速时应以加速踏板控速为主；情况紧急非用制动不可时，要缓缓加力，感觉车尾侧滑就要立即抬起制动踏板，待侧滑消除后再缓缓踏下。

（10）雨天行车注意休息。因雨中驾驶耗费精力，驾驶员容易疲劳，途中要适时安排休息，以恢复体力，保证路途安全。

第3节 雪天行车技巧

雪天行车如图 4-3 所示。

冬季驾车出行，要预先关注天气预报，如在行驶区域或出行时间内存在降雪可能，就要在出发前做好准备工作。

（1）为提高雪路与轮胎胎面的摩擦系数，可给轮胎加装防滑链。防滑链的松紧度宜紧不宜松，太松时不仅起不到防滑效果，还会给行驶带来不便。

（2）为防炫目，驾驶员应佩戴适合自己的有色防护眼镜。

图 4-3 雪天行车

（3）严格控制车速。在雪中行车，再好的驾驶技术也不如慢慢行车。在二级公路行驶，最高车速不宜超过 40km/h；在一级专用公路或高速公路行驶，最高车速不宜超过 60km/h；超车或会车时，速度还要酌情减慢；在一些特殊路段，如窄路、弯道、桥梁、隧道行驶时，车速不宜超过 20km/h；在繁华街道、窄巷行车，保持怠速蠕行即可，所要坚持的原则是：遇有紧急情况，可以将车立即停住。

（4）尽量保持匀速行驶。雪地驾驶不宜频繁加减挡，应选择一个较低的挡位，稳踏加速踏板，匀速行进。在调整车速时，加速踏板应“缓踏缓放”，如若“踏放”过急，就会出现甩尾现象。

（5）转弯处提前降速。因为转弯处相对较滑，遇紧急情况制动时，会加剧险情。为避免使用制动或少用制动，要在转弯前及早采取措施，用缓行的方法通过弯道；在弯道处要时刻警惕对向来车失控，发现情况危急时，应在避让的同时迅速降低一个挡位，用发动机牵阻作用来降低车速，若速度依然很快，宜用缓拉缓放驻车制动器操纵杆的方法将车停住，待避过险情后再行。

（6）起步减少驱动力。雪路起步，宜将变速杆置于比平时起步高一级的挡位，并用离合器半联动的方法，在离合器似接合非接合时，作较长停留；缓慢踩踏加速踏板，等车辆向前蠕行时，再将离合器全部抬起，起步后要迅速抬起加速踏板，以防车辆突然前窜。

（7）行驶中尽量不超车。雪路行车要尽可能地避免车与车之间的冲突与交会，会车难以避免，超车却全可由驾驶员来掌控。雪路超车的条件要求比平时更加苛刻，稍有不慎，极易引发交通事故。

（8）拉大跟行距离。雪路跟行，在同样车速下，跟行距离应是平时的 2 倍以上，如遇结冰的路段，则应是平时的 4 ~ 5 倍。跟行时，应密切注意前车行驶状态，一旦前车制动灯闪亮，自己就应立刻做出减速反应，防止追尾。下长坡时不宜跟行，最好等前车驶远后，自驾车再下坡。

（9）慎用制动。雪路行车尽量避免使用行车制动器，平路行驶应以加速踏板控速为主，若车速尚快时，可用间歇拉驻车制动器操纵杆的方法减慢车速。非用行车制动不可时，要缓慢踏下制动踏板，起到制动效果时就应停止加力；在加力时，要密切注意车辆有无甩尾现象，一旦发现就应立即抬起制动踏板，待车身回正后，再缓缓踏下制动踏板，如此反复，将车速减慢。

（10）下坡制动以发动机牵阻为主。下坡时应按路况选择低挡位行进，下陡坡宜用 1 挡或 2 挡，下长坡宜用 3 挡和 4 挡，一旦发现车速还是过快，就要用抢挡的方法再降低一个挡位，抢挡前要预先想好要换入的挡位，动作要快、要准，尽量缩短停留在空挡的时间，使挡位变换更加连贯自然。

第 4 节 雾天行车技巧

雾天行车如图 4-4 所示。

图 4-4　雾天行车

雾天给行车带来的最大不便是，因雾障遮挡视线，使驾驶员的观察范围变得非常狭窄，加之雾气降落会打湿路面，延长了制动距离，因此许多事故都是发现情况滞后、制动时不能立即停车造成的。雾天行车防范性措施如下：

（1）发现对向来车亮着前照灯（俗称大灯）驶来，就应做好前方可能有雾的思想准备。

（2）驶入起雾路段，应立即开启前后雾灯、示廓灯和危险报警闪光灯，并将左侧车窗玻璃落下 2/3，减速慢行。行进中注意观察前后两方的来车，并多用喇叭提示对方。

（3）雾中行驶，在没有十分把握时，不要超车，非超车不可时，一定要在前车让超、前方可视距离足以满足超车条件时，再迅速超越。

（4）会车时，应开启前照灯，用远近光灯互换的方法提示对方。能见度太低时，可以鸣喇叭互相提示，用声音信息弥补视觉信息的不足。

（5）需要停车时，应向后方的跟行车发出信号。其方法是，在抬起加速踏板车辆自动减速的同时，用右脚连续不断地踩踏制动踏板，使制动灯连续闪亮来提醒跟行车辆，停车过程要放慢，制动的距离要拉长，停车后不要立即熄火，应继续开启灯光设备，以防跟行车辆追尾。

（6）需要停车排除故障时，最好将车驶离公路，可选择路侧的饭店、旅馆和加油站停车。如在高速公路行车时，可将车开入紧急车道、服务区等场所。雾中谨防长时间在公路上停车，不论采取什么手段，都存在很大隐患，非停不可时，车上人员应下车远离。

（7）雾天跟行较为省力，但跟行车距要保持适中，跟行距离太远便失去了跟行的意义；跟行距离太近，当前车减速、制动发现较晚时，容易发生追尾。跟行时应关闭前照灯，以防前车炫目，前车有与自己换位的意图时，自己应主动引领，感觉疲劳时再作换位，能这样互相引领，安全效果最佳。

（8）在有标线的路段，应以路中或路缘白线作为参照，但不要跨线行驶。行驶速度应按能见度大小酌情而定，能见度越低，车速越要放慢，当能见度低于10m以下时，应尽快找一个可以驶离公路的地点停车，待雾气减轻后，再驾车上路。

第5节 阴天行车技巧

阴天行车如图4-5所示。

阴天事故多发的原因主要有三点：一是受阴雨影响，天空比较昏暗，驾驶员的视野没有晴天时那样开阔；二是较昏暗的空间环境容易影响驾驶员的情

图 4-5　阴天行车

绪，令其驾驶的心情比较沉闷和压抑；三是阴云密布时，驾驶员往往担心下雨，行驶速度较快，想在良好的环境条件下多赶些路程。

鉴于上述原因，阴天所发生的交通事故，多数是因为驾驶员所获得的信息量不足，加之心情烦躁，在速度较快时强行超车、勉强会车、处理情况滞后等情景下发生的。

阴天驾车时，驾驶员应做好以下几点：

（1）因视野受限，应有针对性地放慢行驶速度，以弥补因信息量不足对安全行车造成的影响。

（2）集中精力，加强观察，给判断提供尽可能多的有用信息。

（3）调节情绪。可以和乘员说说话，聊一些有趣的话题，还可以打开收音机或 CD 机，听听轻松欢快的音乐，并伴音乐低声吟唱，从而使心情得到调节。

（4）严格遵守交通规则，特别是在超车、会车时，一定要按照操作要领规范自己的驾驶行为，不开“英雄车”、“赌气车”，如对方出现失误，要多忍让，处处把安全放在首位。

第 6 节

黎明行车技巧

黎明行车如图 4-6 所示。

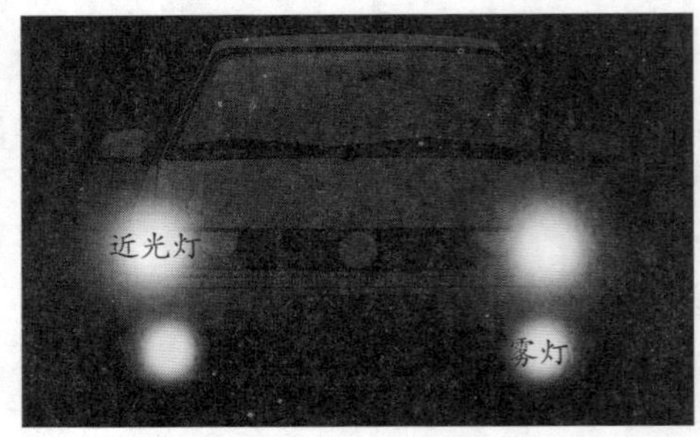

图 4-6　黎明行车

据测试，在一天 24h 内，凌晨 1:00 ~ 6:00 是驾驶员觉醒度最低的时段，凌晨 6 时觉醒度最低。我国北方地区的大部分季节，凌晨 6 时多处于黎明时分。据事故统计资料显示，黎明时分也是道路交通事故的多发时段。

黎明时分所发生的道路交通事故多属恶性事故。事故类型有：车与车迎头相撞；车辆侧翻；车辆轧压、碰撞行人等。

预防黎明时分的交通事故，应采取以下措施：

（1）午夜后，任务再急也要安排休息，不开熬夜车，不开疲劳车。

（2）早起赶路时，每遇前后来车，都要小心谨慎，注意观察来车的行驶状态，如有占道行驶或“蛇行”情况，即可怀疑来车驾驶员在半睡半醒状态下驾车，应尽早将车停在路边让行，并用闪烁前照灯、长鸣喇叭的方法，引起对方注意。

（3）通过村镇街道时，要注意多转换远、近光灯，通过小巷时可鸣喇叭提前预示，防止自行车和摩托车从小巷突然驶出。

（4）路遇自行车或行人时，要密切注意他们的行走方向，宜采取灯光、喇叭并用的方法提醒对方注意。因为早晨行人一般都刚刚起床，有些人还处在迷钝状态，在公路上会随意行走，而且经常横穿公路，因此在通过他们时，一定要给足他们信号，待他们的行走稳定时，再行通过。

（5）黎明时分两种光线交接，会对驾驶员的视觉造成很大影响，因此，行车速度不宜太快，保持中速行驶就可以了。

第7节 黄昏行车技巧

黄昏行车如图 4-7 所示。

黄昏行路难，多数驾驶员都有同感，其原因主要有两个方面：一个是明暗两种光线交接，即远方、低空明亮，车前道路发暗。不开前照灯感觉模糊，虽打开前照灯但也收不到明显效果；二是夜幕降临，许多赶路人思归心切而不顾其他。因此，黄昏时的道路交通事故，多数属于高性能机动车与低性能机动车及非机动车、行人之间发

图 4-7　黄昏行车

生的碰撞事故。

防范黄昏行车事故，应着重做好以下几点：

（1）错开时段行车。如是长途车辆，可选择在黄昏时分进行休息。找一处路侧的饭店、茶馆，吃吃饭、喝喝水，等待夜幕完全降临后再驾车赶路。

（2）早开示廓灯，迟开前照灯。进入黄昏时段，可将开启示廓灯的时间适当提前，以增强过往车辆对自驾车的注意；而打开前照灯的时间却宜适当推后，因为过早打开前照灯不仅起不到帮助观察的作用，还会使对向来车驾驶员感觉刺眼而影响视力。发现前方有低性能车辆，如农用车、三轮车、小四轮拖拉机、摩托车或自行车出没时，应用闪烁前照灯的方法进行提示，会收到比鸣喇叭更明显的效果。

（3）遇路侧有通往乡间的小路时，要谨慎通过。黄昏时分，驶入小路的车辆和行人较多，而且大多数行进的速度较快，通过时，要提前放慢车速，并用闪烁前照灯、鸣喇叭、声光并使的方法加以提示。如提示没有明显效果，就要立即做好制动停车的准备，等抢速、抢道的其他车辆率先通过后，自己再行通过。

第 8 节 夜间行车技巧

夜间行车如图 4-8 所示。

夜间驾驶是驾驶技术当中的一项综合技能，它不仅要求驾驶员有充沛的精力，车辆具备良好的灯光设备，而且还要求驾驶员必须懂得夜间驾驶的相关知识，具备处理各种交通情况的能力。要熟练掌握这项技术，驾驶员必须经过较长时间的训练，不断学习，不断总结，不断提高，才有可能在夜间这个特殊的环境条件下驾车，做到游刃有余。

图 4-8　夜间行车

夜间驾驶，灯光就是驾驶员的眼睛，而且也是驾驶员发出信号的主要工具，能否保证夜间驾驶安全，正确使用灯光至关重要。下面是对灯光使用的具体要求。

1 夜间驾驶的灯光使用规定

（1）夜间起步，先开启示廓灯，从路侧驶入路中时还须开启左转向灯。一旦起步，随即开启前照灯。

（2）车速在 30km/h 以下时，使用近光灯照明；超出这个速度时，用远光灯照明。

（3）在有路灯的街道行驶或遇有交通信号灯管制的交叉路口时，须将远光灯变为近光灯。

（4）与对面来车相会，须在相距 150m 时互闭远光灯，用近光灯照明通过。

（5）超车时，须在距被超车 30 ~ 50m 处，用远、近光灯互换的方法示意超车，待被超车让超后才可超越。

（6）夜间道路停车，须开启示廓灯和尾灯；车辆抛锚或检修时，还须在距车后 50m 处放置危险标志牌。

（7）路遇对面来的自行车和行人时，应将前照灯的远光换为近光。

（8）经过无管制的交叉路口和存在盲区的路段时，应用远、近光灯互换的方法提示周围来往车辆注意。

2 夜间驾驶事故多发的原因

（1）据测试，夜间驾驶员的观察范围只是白天的 1/8。灯光照射范围以外的妨碍交通安全的情况，驾驶员很难察觉。

（2）明暗适应交替频繁，特别是在会车时，对方变换灯光不及时，很容易引起炫目。炫目后 5 ~ 10s 内，驾驶员很难看得清道路前方情况。

（3）夜间驾驶视觉单一，除了来车的灯光，四周漆黑一团，驾驶判断缺乏参照，容易出现驾驶失误。

（4）因夜间驾驶时驾驶员始终处于精力高度集中、神经高度紧张的状态，路途上的阻碍一旦减少，只能听到发动机的声音时，睡意便立即袭来，使驾驶员处于半睡眠状态。

（5）夜间道路情况减少后，不少驾驶员往往高速赶路，附近路侧有突然情况出现，因发现情况较晚而仓促处理时，往往因方法欠妥而引发恶性事故。

（6）凌晨1:00 ~ 6:00时段，是驾驶员一天当中的觉醒度低潮期，加之一夜赶路，驾驶员的体力和精力都大打折扣，稍有迷糊，便会引发交通事故。

3 夜间驾驶应采取的防范性措施

（1）欲赶夜路，驾驶员必须有充足的睡眠，以保证夜间驾驶精力充沛。

（2）夜行车辆，必须对灯光设备预先进行严格检查与维护，保证其性能良好。出发前，还须带上备用灯泡、应急灯、故障警告标志牌以及其他必备的常用工具，以供抛锚时应急使用。

（3）夜间行车，因驾驶员掌握的信息有限，加之反应的速度比白天较慢，所以行驶速度不宜太快，保持中速行驶即可。

（4）夜间会车应保证“两个提前”，即提前减速，提前变换近光灯。如来车仍坚持远光照射，应主动靠右避让，一不与来车抢道，二不与来车用远光灯对射。待来车平稳通过后，再加速赶路。

（5）夜间驾驶最好不超车，非超不可时，一定要选择道路平坦、视线开阔的路段实施超越。超越时，一定要在确认前方没有来车、被确认超车前方无障碍的条件下方可进行。

（6）夜间较长时间停车，最好将车驶离公路；短时间停车时，应开启示廓灯和尾灯；排除故障时，应在距车后50m处设立故障警告标志牌；抛锚车辆等待救援时，车内人员应离开车辆。

（7）夜间公路掉头，最好选择十字路口、环形路口或丁字路口，取顺向的方法进行。为安全起见，最好有人在车下指挥。前行时可多占路面，倒车时要留有余地。遇有来车，应先让其通过。

（8）夜间遇有紧急情况时，尽量不进行倒车。非倒车不可时，一定要下车实地考察，确认无危险时，应按提前选好的线路慢慢进行倒车。

（9）驾车途中感觉困倦时，不可勉强坚持，应选择一处安全可靠的路段或地点稍作休息，待倦意缓解或消除后再驾车上路。

第9节 泥泞路面的行车技巧

泥泞路面行车如图 4-9 所示。

图 4-9 泥泞路面行车

1 驾驶方法

（1）在泥泞、翻浆道路上起步时，应选择比一般道路起步高一级的挡位，轻踩加速踏板，放松离合器踏板要比一般道路起步时快，使汽车向前猛窜一下，但要掌握好尺度，不能前冲太猛，使用次数不宜过多，以免损坏传动零部件。

（2）在泥泞道路上行驶，应注意观察路面情况，选择质地坚实、地势较高、泥泞较浅的路面行驶，有拱度的路面，尽可能在路中行驶，保持左右车轮高低一致。如有车辙，可循车辙前进。

（3）通过泥泞、翻浆路段前，应尽早换入所需挡位，保持足够的动力，中途尽量避免换挡或停车。在泥泞较浅的道路上，应选用低速挡平稳行驶；在泥泞较深、路途短而又无危险的地段，可用中速挡加速通过；在不宜冲过的地段，可用低速挡以保持足够的动力，一次通过，尽量避免中途变换挡位、制动、转向和停车。如中途必须换挡，换挡时机要比平路正常情况提前，动作要敏捷，联动要平稳。

（4）在泥泞、翻浆道路上应尽量保持直线行驶，需要转向时，转向盘的操作要均匀缓和，瞬时转动角度要小，以避免惯性离心力的作用。需要靠边时，应先在路中减速或换入低挡，逐步驶向路边。转弯时必须提前减速，缓慢地操作转向盘，防止车辆发生侧滑。

2 注意事项

（1）汽车在泥泞道路上需要减速时，无论是平路、下坡、直线或弯道，都应以发动机的牵阻制动为主，必要时辅以间歇性的驻车制动，尽量避免使用行车制动，禁止使用紧急制动。

（2）汽车在泥泞道路上发生侧滑时，应立即减速。如是前轮侧滑，车辆有自行停止侧滑的作用；如是后轮侧滑，车尾向一边甩（俗称“甩尾”），应放松加速踏板，转向盘向车尾甩动的方向转动，这样可以控制车体的运动方向，防止侧滑继续下去，待修正好行驶方向后，再逐渐驶入正常车道。当汽车发生侧滑时，不可紧急制动，不可猛打转向盘，以免发生更大的侧滑，甚至造成翻车事故。

（3）当车轮陷入泥中并空转时，应立即倒车，另选路线通过。如倒车也空转，应立即停车，以免越陷越深。停车后，挖去泥浆，加以铺垫防滑材料，必要时卸下货物，以便汽车驶出。

第 10 节 冰雪路面的行车技巧

冰雪路面行车如图 4-10 所示。

汽车在冰雪路面上行驶，由于路面光滑，附着力小，车轮易产生空转和滑溜，转向的稳定性差。所以，驾驶方法与一般路面有所不同。

1 驾驶方法

（1）起步时，应选择比平常起步高一级的挡位，缓慢放松离合器踏板，在半联动状态稍加停留，轻踩加速踏板，以适应较小的路面附着力，避免汽车猛烈前冲或牵引力过大而使车轮空转或出现侧滑。如果车轮空转难以起步，应清除车轮下的冰雪，并在驱动轮下铺垫砂土、炉渣、柴草等防滑材料，再重新起步。

图 4-10 冰雪路面行车

（2）行驶中应保持中、低速并匀速行驶，需要减速时，应利用发动机牵阻作用，尽量避免使用行车制动，必须使用行车制动时，只能间歇轻踩制动踏板，并辅以驻车制动。

（3）转弯时要控制车速，提前缓抬加速踏板，平稳降速。在道路和交通情况允许下，适当加大转弯半径，操作转向盘要缓慢，做到早转或少转，不要急打急回，以防车轮侧滑。

（4）尾随行驶应与前车保持较大的纵向距离，一般为正常道路条件的1.5 ~ 3 倍（安全距离一般在 50m 以上）。会车、超车要选好适当路段，注意加大横向间距。超车时，待前车让车后，方可超车。

（5）上坡时，应根据坡度使用稍低一级的挡位，需要减挡时，时间应较平时稍提前一些，避免发生拖挡现象，以保证有足够的动力不使汽车向后滑溜。下坡主要是控制车速，要提前挂入低速挡，依靠发动机牵阻作用制动，需要用行车制动来控制车速时，应采用间歇制动。

2 注意事项

（1）出车前应做好各项准备工作，携带防滑链、喷灯、三角木、钢丝绳、锹镐及其他必要防寒保温用品。安装防滑链要左右对称，松紧适度，通过冰雪路段后，立即拆除。

（2）在积雪过深地区行驶，应根据行道树、电线杆、交通标志和路边栏杆等的相互位置来判断道路，判明行车路线，沿着道路中心或积雪较浅处通过。

（3）在冰雪路面不要长时间停车，以防轮胎与地面冻结在一起，损伤轮胎和传动零部件。如果必须长时间停车时，应在车轮下铺垫砂石、柴草物。

（4）由于冰雪路面对阳光的反射，驾驶员易出现双目畏光、流泪、疼痛、视物不清等现象。因此，驾驶员应佩戴有色防护眼镜来保护眼睛，以利于交通安全。

第11节 积水路面的行车技巧

积水路面行车如图4-11所示。

汽车涉水前，必须停车观察水情，查明水的深度、流速、流向、水底（泥泞底还是石底）及汽车进出水域的道路情况。

图4-11　积水路段行车

若水面较宽，应选择水浅、底硬、水流稳定及两岸坡缓处作为涉水路线，并应设置标志。车辆应采取必要的防水措施。

涉水时应使用低速挡，平稳地驶入水中，并缓慢行进，防止水花溅湿发动机电气设备而造成发动机熄火。稳住加速踏板，保持汽车行驶平稳而有足够动力。尽量避免中途换挡、减速、减低发动机转速、停车和急转向等一些错误操作。

汽车涉水后，应对车辆进行检查，如轮胎间有嵌石，底盘有水草缠绕，应予以清除。继续行驶后应先踩几次制动踏板，排除制动器中的水，避免制动效能降低影响交通安全。

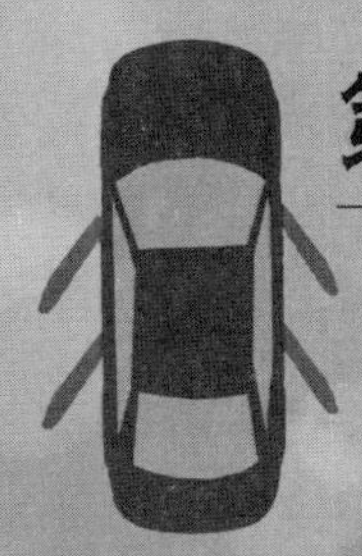

第5章

高速公路车速快，谨慎驾驶莫分神

第 1 节

高速公路安全服务设施

在驾车驶入高速公路前，应对高速公路安全服务设施进行全面了解，知道它们的名称及功用，以便驾车进入时正确使用（图 5-1）。

图 5-1　高速公路

（1）高速公路收费站。高速公路收费站建在高速公路进出口前方的道路，内侧路面与高速公路的匝道连接，根据车流量，站点设有数个道口，左侧为驶出道口，右侧为驶入道口，开放道口的上方用绿色灯指示，进入时从值班窗口领取电子磁卡或通行票证，驶出时交回卡、证，并支付通行费用。

（2）匝道。匝道是一般公路与高速公路或高速公路之间相连的通道，供机动车辆进入相交的道路使用。匝道入口与一般道路连接，在入口处左右分岔，左侧匝道供左转驶向高速公路的车辆通行，右侧车道供右转驶向高速公路的车辆通行，入口匝道的终点与加速车道连通；匝道出口的始端与减速车道相连，匝道出口的终端为上下行车辆出匝道的汇流处。

（3）变速车道。变速车道是车辆进入匝道或从匝道进入主车道时特意加宽的过渡路面，专供进入高速公路的车辆加速、驶出高速公路的车辆减速之用，入口处的变速车道为加速车道，出口处的加速车道为减速车道。

（4）中央分隔带。中央分隔带是在高速公路中央用防护栏围起的长条形土质路面，其主要功能是将上下行车辆左右分隔，中间栽种的花草树木可以调节驾驶员的视觉。

（5）主车道。主车道是中央分隔带两侧供上下行机动车辆行驶的车道。每侧主车道又根据路面宽窄，用标线划分为单向两车道或更多车道，内侧车道供车速较高的车辆通行，外侧车道供车速较低的车辆通行。

（6）路肩。路肩是位于最右侧车道与路缘之间的那部分路面，专供救护车、消防车和处理事故的警车应急时使用，其他任何机动车除在遇紧急情况可作临时停车外，不得占用。

（7）紧急停车带。高速公路每隔一定距离专门将路面加宽一段地带，专供行驶中的车辆应急避险时停车使用。

（8）防护栏。防护栏是竖在高速公路两侧路边和中央分隔带两侧，用钢板、钢桩材料制作的护栏。路边护栏主要用以预防机动车失误时驶出高速公路；分隔带护栏则主要预防失控车辆驶入对方车道，以减轻损失和减少人员伤亡。

（9）紧急电话。高速公路每隔一定距离设立一部紧急电话，遇有紧急情况时，可就近拨打或按下报警按键。

（10）生活服务区。高速公路每隔 40 ~ 50km 设立一处生活服务区，服务区内有停车场、加油站、修理部、商店、休息室、食堂和厕所等，为驾驶员和乘客提供生活及安全便利。

第 2 节 高速公路安全管理规定

1 准入规定

（1）行人、非机动车、拖拉机、农用运输车、蓄电池车、轮式专用机械车、铰接式客车、全挂牵引车，以及设计最高车速低于 70km/h 的机动车辆，不得进入高速公路。

（2）持有实习驾驶证的驾驶员不准在快速车道驾车行驶。

（3）“三超”（超长、超宽、超高）车辆必须经公安机关交通管理部门批准后，按指定路线、时间、车道、速度行驶，并悬挂明显标志。

2 对驾驶员及乘坐人员的规定

（1）安装安全带的机动车辆，其驾驶员和前排乘员必须系安全带。

（2）机动车行驶中，乘车人不准站立，不准向车外抛撒物品。

（3）货运机动车除驾驶室和车厢经核准设有固定座位外，其他任何部位不准载人。

（4）二轮摩托车在高速公路上行驶不准载人。

3 行驶速度规定

（1）进入高速公路的机动车辆，最低车速不低于 60km/h；最高时速：小型客车车速不得高于 120 km/h，大型客车、载货汽车或其他机动车辆车速不得高于 100 km/h，摩托车车速不得高于 80 km/h。

（2）交通标志和路面标记与以上规定不一致时，遵守标志和标记的规定。

4 行驶规定

（1）正常行驶在高速公路的机动车，不准倒车、逆行，不准穿越中央分隔带掉头或转弯。

（2）高速公路上不准试车或学习驾驶机动车。

（3）不准在匝道和变速车道上超车或停车。

（4）不准骑、轧车道分界线行驶或在规定速度高于自驾车行驶速度的车道内行驶。

（5）不准从右侧超车。

（6）除救援车、清障车外，禁止其他车辆牵引故障车和肇事车在高速公路上行驶。

5 停车规定

（1）除遇障碍、发生故障等必须停车的情况外，在高速公路上不准随意停车、停车上下人员或装卸货物。

（2）因故障需要停车检修时，必须提前开启右转向灯驶离停车道，停在紧急停车带内或者右侧路肩上，在行车道内不准修车。

（3）因故障、事故等原因不能驶离车道，驾驶员必须开启危险报警闪光灯，并在行驶方向的后方150m处设置故障车警告标志。夜间还须开启示廓灯和尾灯，驾驶员和乘员必须迅速离开车辆，转移到右侧路肩或紧急停车带，并向交通警察或急救中心报警。

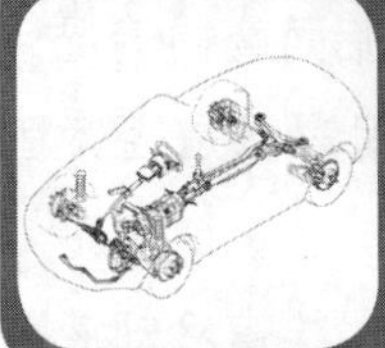

第3节 进入高速公路前车辆的安全检查

机动车辆驶入高速公路后，立即进入高速运转状态，要保证各部件技术状况良好，必须要在驶入高速公路前对车辆进行认真细致的检查（图5-2）。检查项目如下：

（1）对转向装置进行检查。检查转向盘自由行程是否符合标准要求；检查动力转向液液面高度；检查横直拉杆球头关节是否有松旷现象，润滑情况如何；检查前轮定位及前束情况等。如发现问题，及时加以排除。

（2）对制动装置进行检查。检查制动液液面高度、制动踏板自由行程、前后制动器摩擦片磨损情况；检查制动距离是否符合要求，有无跑偏现象等。如发现问题，及时加以排除。

（3）对灯光设施进行检查。检查全车是否有个别灯不亮，其亮度如何；

检查制动灯时，要由一个人踩踏制动踏板，另外一个人去车后进行观察，确保完好无误；检查调整前照灯照射距离，远光灯光点应照在车前 200m 处，近光灯光点应照在车前 30m 处；如个别车灯不亮或亮度不够，及时加以更换或调整。

图 5-2　进入高速公路前对车辆进行检查

（4）对各个轮胎进行严格检查。检查各胎气压是否正常和胎面磨损情况；检查轮胎左右两侧是否有起泡和破损情况；检查各轮胎的紧固螺母是否紧固等。如发现问题，及时排除。

（5）检查各油（液）面高度。检查蓄电池电解液液面高度；检查冷却液液面高度；检查润滑油油面高度；检查刮水器清洗液储液罐液面高度；检查燃油箱存油量等。如发现短缺进行补充，如有渗漏现象及时加以消除。

（6）检查各传动带松紧度。用拇指将各传动带用力向下按压，下曲度保持 1 ~ 1.5cm 时为正常范围。发现过松时，应注意检查传动带是否老化，如传动带里侧出现横向裂纹时，应进行更换。

（7）检查喇叭工作是否正常。如失声或声音发暗时，应更换或调整。

（8）检查附属装置工作是否正常。检查刮水器工作是否良好；检查各后视镜角度调整是否合适；检查安全带能否锁住或有效；检查备胎气压是否充足；检查灭火器工作是否良好等。如发现问题，及时加以排除。

（9）检查各随车工具是否齐全。特别是检查千斤顶，故障车警告标志是否携带，不可遗忘。

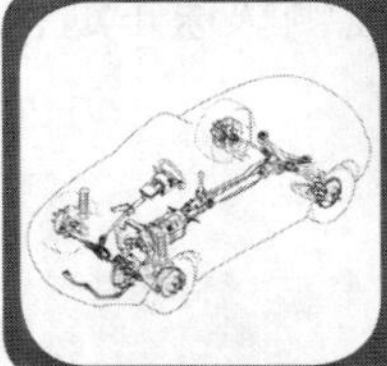

第4节 驶入高速公路的技巧及注意事项

1 驶入技巧

（1）在距高速公路收费站50m处，减速慢行，选择亮绿灯的车道进入站台，如前方有先到的车辆，应排队等候。

（2）将左侧车窗玻璃落下，对准服务窗口，领取证、卡。

（3）入站后仍需缓行，注意观察匝道入口岔道处的路标指示，选准要去的方向以及驶入的匝道。

（4）在匝道行驶时车速不超过40km/h。

（5）驶出匝道，进入加速车道后，应迅速将车速提至60km/h，在距加速车道的末端50m处开启左转向灯，驶入最右侧的行车道。

2 注意事项

（1）进入站口的车辆应依顺序排队，后来的车辆不准超车和插队。

（2）进入站口后不宜加速行驶，否则难以看清匝道入口处的指路标志。

（3）驶入匝道的机动车，不许超车和停车。

（4）加速车道如有停驻或缓行的车辆，自驾车应稍作等候，待其驶离后再加速驶入行车道。

（5）进入行车道前，要对后方来车作认真观察，如距自驾车距离尚远时，可以在其驶来前进入行车道；如距自驾车距离较近，可待其驶过后自驾车再行进入。

（6）如遇列队行驶的车流时，不得中间插入，应等待其全部驶过后，自驾车再行。

（7）不得从匝道未经加速直接驶入行车道。

（8）进入行车道后，应将车速逐级提高，依次将车变更进左侧快速车道，不得从最右侧慢车道直接驶入最左侧快车道。

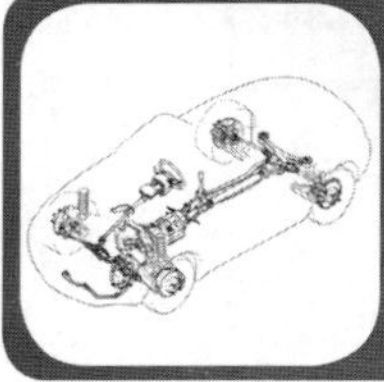

第5节 在高速公路上正确选择行车道

当驾车驶入高速公路时，应该选择哪条主车道来行驶呢？按照分道行驶、各行其道的原则，应参考主车道的道数和自驾车的行驶速度两个方面加以确定（图5-3）。目前，我国高速公路和主车道设计有：双向四车道、双向六车道和双向八车道。根据道数的不同，对各车道的车速要求也有所区别。

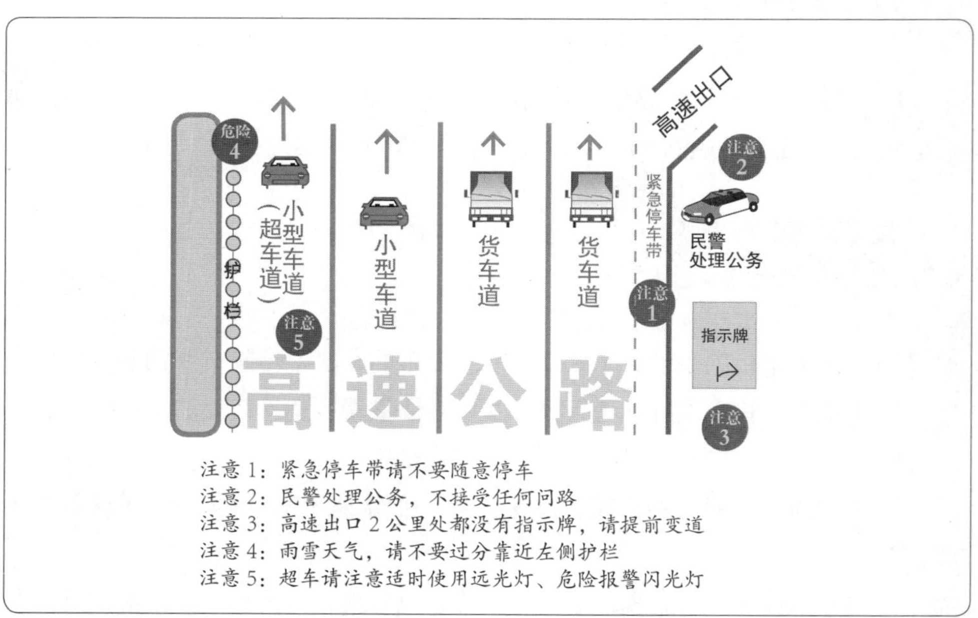

图5-3　在高速公路上选择行车道

（1）单向两车道。车速低于100km/h的机动车辆，在右侧车道行驶，但最低车速不能低于60km/h；车速高于100km/h的机动车辆，在左侧车道行驶，但最高车速不得高于120km/h。

（2）单向三车道：最低车速为110km/h的机动车辆，在左侧车道行驶；

最低车速为 90km/h 的车辆，在中间车道行驶；最低车速为 60km/h 的车辆，在右侧车道行驶。

（3）单向四车道：最低车速为 110km/h 的机动车辆，在左侧车道行驶；最低车速为 90km/h 的车辆，在中间两车道行驶；最低车速为 60km/h 的车辆，在右侧车道行驶。

遵照以上规定，驶入高速公路主车道的机动车辆，应在最高车速 120km/h 和最低车速 60km/h 的速度范围内，按照自驾车的行驶速度适时变更车道。当车速递减时，应从最左侧车道依次变更车道至最右侧的行车道；当速度递增时，则宜从右侧行车道依次变更车道至最左侧车道。这样，就使高速公路的通行能力和车流速度同时得到提高。

第 6 节 高速公路上的超车技巧

在高速公路上超车时，只允许使用相邻的左侧车道（图 5-4）。超车时，应做好以下几点。

图 5-4　在高速公路上超车

（1）先作观察，把握时机。在同一行车道内，如距前车距离越来越近，表明前车速度低于自驾车速度，此时便可确定前车即将成为自驾车的超越对象。在距前车还有 200m 远时，开始做超越的准备。首先是对车后情况进行观察，观察车后有无跟行的车辆和正在超越自驾车的车辆，如有跟行的车辆，应观察此车有无超越自驾车的动态。如果发现自驾车车后有车从超车道驶来，自驾车应延缓超车，在超越自驾车的车辆完成超越后，自己再作超越。其次是对前方的交通情况进行观察，主要目标是看前车前方是否还有同车道行驶的车辆，如有，必须密切注意前车有无变更车道超车的可能，如若前车在自驾车变道前率先变道，则自驾车应采取跟随前车变道的方法，驶入超车道。通过以上前后观察，确认无危险存在，则应把握时机，在距前车约70m处开启左转向灯，进入超车阶段。

（2）进入超车道的方法。开启左转向灯后，应采取缓转转向盘、渐渐向左斜插的方法驶入超车道，行车轨迹应避免出现弯度过大。

（3）驶入前车驾驶员听觉范围内，应及时鸣喇叭。从超车道靠近前车约20m远时，应鸣喇叭（夜间变换远近光灯）提醒前车，以引起前车的注意，作出避让。

（4）超越时，谨防被超车突然驶入超车道。这种情况多发生在被超车前方仍有车辆行进时。引发这种险情的原因有两个：一是自驾车没有给足超车信号；二是被超车在变更车道前没有观察车后情况或观察失误。为防范意外，超车时一旦驶入距被超车过近的危险距离，就要特别警觉被超车动态，只要发现被超车车头稍向左转，就应立即制动减速。

（5）超车后，安全驶回原车道。超车后应继续保持直行一段距离，然后用右侧后视镜观察与被超车之间的距离，拉开至少有50m远的距离时，开启右转向灯，仍用缓转转向盘、渐渐向左斜插的方法，驶回原车道。

第7节 高速公路上的减速技巧

在高速公路上减速如图5-5所示。

（1）高速公路减速禁用紧急制动。在高速公路上行车引发紧急制动的根本原因是行驶速度过快。速度越快，驾驶员的注视点越向前移，对道路两侧附

图5-5 在高速公路上减速

近的情况看得就越模糊，如若路中出现只有驶近才能看清的障碍，或者从道路附近两侧突然有人、畜穿入路中，驾驶员往往在措手不及中采取紧急制动，此时如车后有跟行车辆极易造成追尾；如若制动跑偏，则会引发方向失控，使车辆骤然冲向公路一侧，后果非常严重。

（2）高速公路减速的最佳方法是用发动机牵阻作用来降低车速。行驶中，分析前方交通情况，需要减速时，应及时将加速踏板抬起，切断燃油供给。如速度仍然较快，应将变速杆迅速拨入低一级挡位，将离合器踏板迅速抬起；如若此刻车速仍未进入理想范围，可以再降低一级挡位，甚至采取越级减挡的方法将车速控制住。

（3）高速公路减速慎用行车制动。在高速公路上，使用行车制动应作为发动机牵阻控速的辅助措施。使用行车制动时，应采取“蜻蜓点水”、连续轻踏轻放制动踏板的方式，这样做，制动灯会连续闪亮，但车速却不会骤然降低，不仅可以对跟行车辆起到提示作用，而且还避免了因制动过急使车辆甩尾。

第8节 高速公路上安全通过弯道

高速公路上安全通过弯道如图5-6所示。

（1）因车辆通过弯道有离心力作用，车身有倾向公路外侧的趋势，通过弯道前时必须提前减速。

（2）注意观察路标。高速公路有弯道时，一般在进入弯道的前方路侧设立有连续性提示标志，行驶中一旦发现弯道标志，则应立即采取控速措施。

（3）控速的措施。立即抬起加速踏板切断供油，将变速杆挂入低一级挡位。

（4）将注视点从远方收回，并将注视点放在保持与路右护栏的距离上。

图5-6 高速公路上安全通过弯道

（5）用目光扫视仪表速度指示。通过弯道时，车速应控制在 60 ~ 80km/h。这个速度不可用经验或感觉来确定，因为用经验或感觉来确定的速度往往比实际速度高出许多。因速度过快驶出弯道的交通事故，大多是在这种想当然的思想支配下发生的。

（6）用手感判断车速是否适宜。弯道行驶车速适宜时，把握转向盘的双手会依然感觉轻松自如；如若车速加快，车身向外横甩的力就会首先作用到手上，车速越快，车辆驶向路边的趋势越大，双手掌控转向盘的反向作用力也就越大。感觉双手吃力时，证明车速已经超出适宜范围，应当再作减速。

（7）弯道处严禁超车。在高速公路弯道处超车，很难将车速控制在适宜范围。超车时难免要加速，一旦加速，离心力就会加大，车辆极易驶向右侧车道，对被超车造成威胁。

第 9 节 高速公路上停车的注意事项

高速公路上停车如图 5-7 所示。

（1）严禁将车停在规定禁止停车的路段和区域，否则，不但会影响交通秩序，更会引发道路交通事故。

图 5-7　高速公路上停车

（2）车况、路况良好条件下需要休息时，应驶入附近高速公路服务站停车。

（3）遇到路障被迫停车时，应按照停靠时的前后顺序依次排队，不准强超或插队。

（4）车辆发生“渐发性”故障需要检修时，应提前减速，开启右转向灯，注意观察车后交通情况，在不影响跟行车辆行驶的前提下，从左到右依次变更车道，将车停在紧急停车带或路肩上。

车辆修复后驶回行车道时，应开启左转向灯，在紧急停车带或路肩上加速至 60km/h 时，才可驶入相邻的左侧行车道，驶入后关闭左转向灯。

（5）车辆发生严重故障，无法驶离行车道时，如是小型车辆，乘坐人员应下车协助驾驶员将车推入右侧路肩才可实施检修。如是大型车辆无法推动，应立即开启危险报警闪光灯（图 5-8），驾驶员与乘坐人员必须赶快下车，并在车后来车方向 150m 处设立故障车警告标志（晚上还须开启示廓灯和尾灯），然后撤离至紧急停车带或路肩上，用报警电话向高速公路急救中心发出求助信号，等待救援。

图 5-8　开启危险报警闪光灯

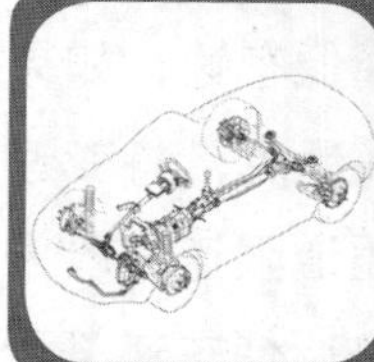

第 10 节　驶出高速公路的技巧及注意事项

驶出高速公路如图 5-9 所示。

图 5-9　驶出高速公路

1　驶出高速公路的技巧

（1）距驶出口 2km、1km、500m 处分别设立有路标提示。在看到 2km 处的路标提示时，就应从左侧行车道逐渐将车变更到最右侧的车道来；行至距出口 500m 远的路标处时，则应抬起加速踏板，开启右转向灯，做好驶入减速车道的准备。

（2）当车辆驶至行车道与减速车道连接之处时，开始缓转转向盘，采取渐渐斜入的方法，进入减速车道（图 5-10）。

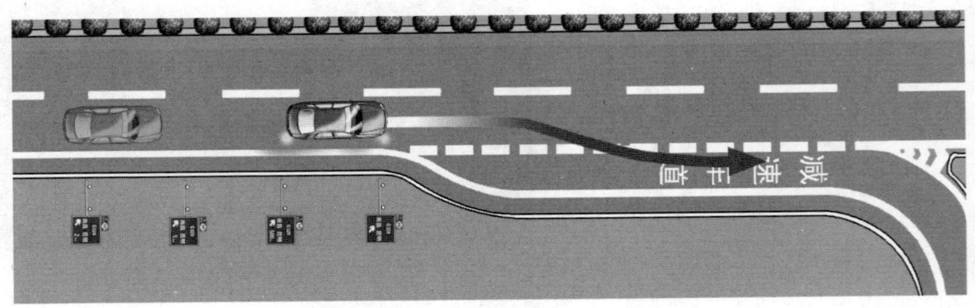

图 5-10　从行车道驶入减速车道

（3）进入减速车道后，应继续利用发动机牵阻制动作用降低车速，如果车速较快，再以点踩制动踏板加以辅助，在距匝道出口处 50m 远时，将变速杆换入低一级挡位，且注意观察匝道入口处设立的限速标志，匝道限速一般为 40km/h。当里程表指示的车速高于限速时，应继续采取减速措施，使车速符合限速要求。

（4）驶至匝道终端的岔道处时，要与反方向驶出高速公路的车辆汇流，此时要注意另一侧匝道有无驶来的车辆。如若有车辆驶来，且与自驾车有可能同时驶至岔道处时，应主动减速避让，让其先行。

（5）进入收费站前，应注意观察信息板和标志提示，选择上方亮绿灯的通道依序排队。驶至服务窗口时，尽量将车身靠近窗口，以便递卡、证和通行费，然后缓速驶出收费站。

2 驶出高速公路的注意事项

（1）进入匝道前，必须充分减速，并观察里程表，确认将车速确实降至匝道所规定限速的范围。

（2）进入匝道的车辆，严禁超车和停车。

（3）驶至匝道终端岔道汇流处时，要特别留意小心，严禁与另一侧匝道驶出的车辆抢道。

（4）进入收费站时，不可与其他车辆争抢通道，应文明驾车，依序排队。

（5）驶出收费站时，必须迅速驶离道口，以免堵塞交通。

（6）如若在高速公路上错过要驶出的道口时，不可在慌忙中紧急制动，更不可停车、倒车、掉头和逆行返回，应继续行驶至下一出口，驶出高速公路。

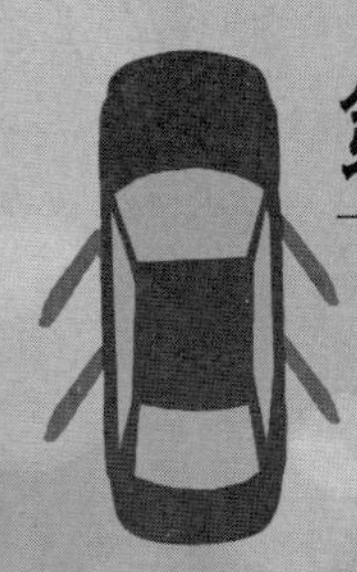

第6章 紧急情况险象生，正确处置避祸端

第 1 节

突然制动失灵的处理方法

行车中突然制动失灵如图 6-1 所示，此时应注意：

（1）不要慌张，保持镇静。

（2）制动时车轮最容易抱死的路面是冰雪路面。

（3）防抱死制动系统（ABS）可以有效防止紧急制动时车轮抱死，并最大限度地发挥制动器的效能。

（4）安装防抱死制动系统的车辆制动时，可用力踏制动踏板。

图 6-1　行车中突然制动失灵

（5）未安装防抱死制动系统的车辆，在冰雪、湿滑、砾石路面或者比较光滑的路面上制动时，要轻踏或间歇踩踏制动踏板。

（6）未安装防抱死制动系统的车辆，驾驶员发现汽车偏离方向时，应立即松开制动踏板，待方向得到控制后再踏制动踏板。

（7）行车中制动突然失灵时，驾驶员要沉着镇静，握紧转向盘，利用连续降挡或拉紧驻车制动器操纵杆进行减速。

（8）下坡路突然制动失灵时，可采用的办法是：将车辆向上坡道方向行驶；用车身靠向路旁的岩石或树林（或用前保险杠侧面撞击山坡）；利用道路边专设的避险车道停车。

（9）下坡路制动失效后，若无可利用的地形和时机，应迅速逐级或越一级减挡，利用发动机牵阻作用控制车速。

（10）制动失灵后，驾驶员应立即寻找并冲入紧急避险车道；停车后，拉紧驻车制动器操纵杆，以防车溜动发生二次险情。

（11）制动突然失灵，避让障碍物时，要掌握“先避人，后避物”的原则。

（12）制动时，前车轮抱死会出现丧失转向能力的情况，后车轮抱死可能会出现侧滑甩尾的情况。

（13）为发挥最大制动作用，使用驻车制动器时不可将操纵杆一次性拉紧。

（14）出现制动失效后，应以控制方向为首要应急措施，再设法控制车速。

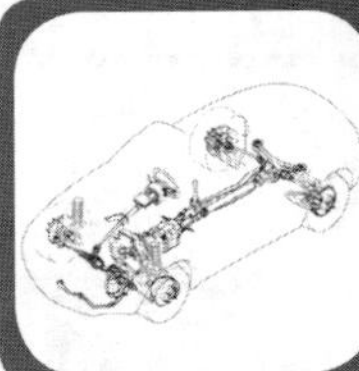

第2节 突然爆胎的处理方法

行车中突然爆胎如图 6-2 所示。

图 6-2　行车中突然爆胎

（1）发现轮胎漏气时，驾驶员应紧握转向盘，慢慢制动减速，极力控制行驶方向，尽快驶离行车道。驶离行车道时，不可采用紧急制动，以免造成交通事故。

（2）后轮轮胎爆裂时，驾驶员应保持镇定，双手紧握转向盘，极力控制车辆保持直线行驶，减速停车。

（3）驾驶员意识到前轮轮胎爆裂时，应双手紧握转向盘，松抬加速踏板，极力控制车辆直线行驶。前轮爆胎时，危险较大，驾驶员一定要极力控制住转向盘，迅速抢挂低速挡。前轮爆胎导致出现转向时，驾驶员不要过度矫正，应在控制住方向的情况下，轻踏制动踏板，使车辆缓慢减速。

（4）行车中发生爆胎时，驾驶员尽量采用“抢挡”的方法，利用发动机制动使车辆缓慢减速，切忌慌乱中急踏制动踏板，以避免车辆横甩发生更大的险情。

（5）行车中轮胎突然爆裂时的正确做法是保持镇静，缓抬加速踏板，紧握转向盘，控制车辆直线行驶，待车速降低后，再轻踏制动踏板。

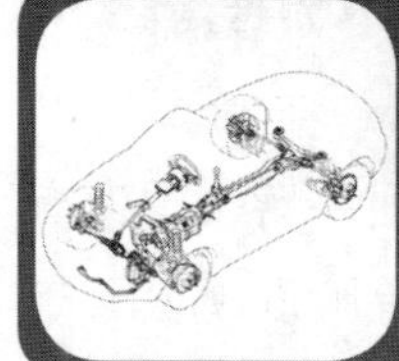

第3节

冷却液沸腾的处理方法

造成冷却液沸腾（图 6-3）的原因很多也很复杂，当发现冷却液温度过高时应立即停车，并采用正确的应急处置方法，否则过高的冷却液温度会加速发动机内部零件之间的磨损，对发动机造成极大的损伤。

当发生低速冷却液沸腾时，也就是沸腾前发动机是处于低速运行的状态时，应立即靠边停车，将发动机熄火，在避免烫伤的情况下，将发动机罩打开散热，然后给服务站打电话等待救援。

图 6-3　冷却液沸腾

如果冷却液沸腾之前发动机是高速运转的，应该立即将车靠边停好，与低速冷却液沸腾不同的是这时不要将发动机熄火，而应让发动机怠速运转一段时间。高速运转后的发动机会产生大量余热，如果冷却液沸腾以后迅速熄火，这些余热会产生非常高的温度，使部件变形损毁。而之所以要发动机怠速运行一段时间，是因为散热器中的冷却液是靠水泵带动，而水泵又与发动机的曲轴同轴运转，当发动机停止运转时曲轴也停止转动，此时水泵也就不工作了，散热器中的冷却液就无法循环，发动机内的温度会迅速飙升。这种情况下，应该让车在路边怠速运转一会再熄火，同时也将发动机罩打开等待救援。

有些车主发现车辆冷却液沸腾后，会通过给发动机泼水降温，这种方法也要根据不同情况作不同处理。如果是属于污水、电子扇故障或是散热器过脏导致的冷却液沸腾，此时大循环是打开的，可以将水淋在散热器上，给散热器降温。

需要注意的是要将水淋在发动机散热器上，而不是浇在发动机上，发动机表面温度非常高，如果用凉水突然浇在上面，会使发动机表面因局部冷却导致相关部件变形，同时在发动机上有许多传感器，用水浇会造成电器元件进水短路。

另外，冷却液沸腾后，不能盲目打开散热器盖，也不能立即向散热器内加注冷水，以防开水或蒸汽喷出，把自己烫伤。而是先关闭发动机，打开发动机罩，等到冷却液冷却一些，回水管没有开水或水蒸气时，再准备打开散热器盖。

打开散热器盖时应注意尽量离发动机远一些，最好不要面对。

先用较厚的湿布盖住散热器盖，并把盖缓慢拧松，然后收回手臂，观察有没有气泡或水蒸气从拧松的散热器盖边喷出，如果有，就应该等喷发现象平静之后，再继续开启散热器盖，等到没有蒸汽喷出时，可把散热器盖旋开拿下。

最终打开散热器盖时，不应戴手套，以防开水或蒸汽打湿手套后，其热量渗透进去，把手烫伤。

如果发动机冷却液沸腾时间较长，那么，打开散热器盖后，不可立即加注冷却液，以防冷却液把发动机汽缸激裂，而是让发动机和散热器自然冷却一段时间后，再加注冷却液。

加注冷却液后，观察有没有漏水现象，如果没有，就可以起动发动机，重新开车上路了。

第 4 节 行车中转向失灵的处理方法

行车中转向失灵如图 6-4 所示。

（1）驾驶员发现转向不灵时，正确的做法是：尽快减速，在安全地点停车，查明原因。

图 6-4　行车中转向失灵

（2）装有助力转向的车辆，驾驶员突然发现转向困难，操作费力，应尽快减速，选择安全地点停车，查明原因。

（3）转向失控后，若车辆偏离直线行驶方向，应果断地连续踩踏、放松制动踏板，使车辆尽快减速停车。

（4）当车辆转向失控，行驶方向偏离，事故已经无可避免时，应尽快减速，极力缩短停车距离，减轻撞车力度。

（5）高速行驶的车辆，在转向失控的情况下使用紧急制动，很容易造成翻车。

（6）驾驶员发现转向突然不灵，但还可实现转向时，应低速将车开到附近修理厂修好后再行驶。

（7）转向突然失控后，若车辆和前方道路情况允许保持直线行驶时，不可使用紧急制动。

第5节 发动机突然熄火的处理方法

行车中发动机突然熄火如图6-5所示。

图6-5　行车中发动机突然熄火

（1）第一时间打开危险报警闪光灯，提示后车注意。

（2）手动变速器汽车换到空挡，自动变速器汽车推到N位。

（3）将钥匙拧到钥匙门的起始位置（如果是一键启动式车型跳过此步骤），重新拧钥匙点火（一键启动式直接按一键启动按键）。

（4）手动变速器汽车根据当前车速和转速挂到相对应的挡位（自动挡车型推到D位即可）。

（5）慢速停到路边，检查车辆情况。

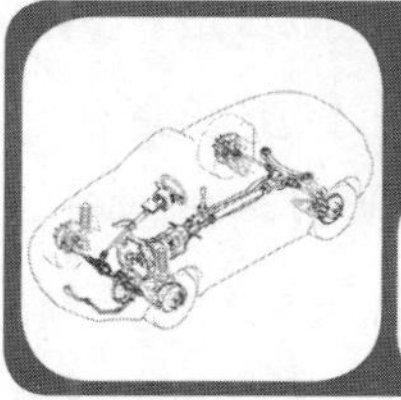

第6节 车辆突然落水的处理方法

（1）车辆行驶中突然落水，由于外部水的压力较大很难开启车门时，应当在车落稳后，开启车窗或敲碎侧窗玻璃游出（图 6-6）。

（2）车辆落水后，驾驶员自救的正确方法是：迅速用手动方式打开车门；等待水浸满驾驶室，使内外水压相等；用大塑料袋套在头上，将脖子扎紧。

图 6-6　车辆突然落水的处理方法

（3）当车辆不慎落水后，驾驶员应保持冷静，并告知乘员不要慌张，做好深呼吸，待水快浸满车厢时，开启车门或摇开车窗逃生，只要浮出水面，就会有更多的获救希望。

第 7 节

车辆自燃的处理方法

行驶中车辆自燃如图 6-7 所示。

（1）发动机着火，正确的做法是：迅速关闭发动机，用覆盖法灭火，或用灭火器灭火。

图 6-7　行驶中车辆自燃

（2）车辆燃油着火时，可用于灭火的是：路边砂土、棉衣、工作服等。

（3）救火时的正确做法是：脱去所穿的化纤服装，注意保护暴露在外面的皮肤，不要张嘴呼吸或高声呐喊。

（4）使用灭火器灭火时的正确做法是：人要站在上风处，尽量远离火源，灭火器瞄准火源。

（5）车辆着火时，应设法将车辆停在远离城镇、建筑物、树木、车辆及易燃物的空旷地带，及时把事故情况和地点通报给救援机构。

（6）含酒精的防冻液着火时，可立即用水浇泼着火部位，以冲淡酒精防冻液的浓度。

（7）驾驶员在逃离火灾时，应关闭点火开关、电源总开头和百叶窗，并设法关闭油箱开关。

第8节 交通事故的处理方法

交通事故的处理如图6-8所示。

图6-8 交通事故的处理

1 对于未造成人员伤亡的交通事故处理

（1）事故发生后，驾驶员应该立即停车，拉紧驻车制动器操纵杆，开启危险报警闪光灯，并应及时报警，同时拨打保险公司的报案电话；对于财产损失较小，双方当事人对事实及成因都没有争议的，如车辆轻微剐蹭和碰撞的事故，可以即行撤离现场，恢复交通，自行协商处理损害赔偿事宜。

首先必须拍照保护好原始现场并不可移动事故现场的任何物品以防遭到破

坏，其次必须报警。

（2）停车后在来车方向的安全距离，摆放三角反光警示牌或其他醒目标志保护现场，提醒过往车辆，防止二次事故发生。

关掉所有肇事车辆的发动机；禁止吸烟；当心其他易燃物品；尽可能防止燃油泄漏；当心危险物品，慎防危险性液体、尘埃及气体积聚。

（3）协助交警部门做好事故现场的调查取证工作。

2 对于造成人员伤亡的交通事故处理

（1）事故发生后，驾驶员应该立即停车，拉紧驻车制动器操纵杆，开启危险报警闪光灯。如果事故损失较大或者造成人员伤亡的，应及时报警（交通事故报警电话：122），并拨打“120”急救中心进行现场救护，同时拨打保险公司报案电话。

（2）驾驶员应立即下车，在来车方向前足够的安全距离，摆放三角反光警示牌或其他醒目标志保护现场，提醒过往车辆，防止二次事故发生。

（3）配合医疗机构，积极主动抢救事故受伤人员，抢救其他可能造成的财物损失，尽量减小事故损害后果。

（4）协助交警部门做好事故现场的调查取证工作。保险公司在接到报案后，在 5 ~ 10min 内将会有理赔人员跟车主联系，指导车主现场处理，并在第一时间赶赴现场进行现场查勘，确定事故损失，协助车主处理后续的理赔相关事宜。此外，多数保险公司都有推出特色的理赔服务，如车辆紧急救援服务、一般案件无须上门办理索赔的服务、24h 全天候客户服务等。

参 考 文 献

[1] 张东升，刘益军．汽车安全驾驶技巧 [M]. 北京：人民交通出版社，2005.
[2] 裴保纯．汽车驾驶人必备手册 [M]. 北京：机械工业出版社，2008.
[3] 范立，郭淑琴．汽车安全驾驶技术 [M]. 北京：人民交通出版社，2010.
[4] 李东江，张大成．汽车驾驶禁·忌·防 [M]. 北京：机械工业出版社，2006.
[5] 高锡祥，徐昭．双色图解轻松学开车 [M]. 北京：人民交通出版社，2007.
[6] 李娜，宁平，等．新手驾车必知 1000 招 [M]. 北京：机械工业出版社，2013.
[7] 段红江，徐峰．汽车驾驶完全攻略 [M]. 北京：化学工业出版社，2103.
[8] 裴保纯．新手驾驶全攻略 [M]. 北京：化学工业出版社，2012.